本書の特長と使い方

■ 6年生で学習する社会の内容がすべて学べます。

■ 別冊解答は，本冊の縮刷りで答え合わせがしやすくなっています。

■「チャレンジ！」のコーナーでは息抜きができます。

数犬チャ太郎です！
プロフィールは
3ページにあるよ！

Check!

● ● ● ● 学習の進め方 ● ● ● ●

● 基本の学習	「かくにんしよう！」「れんしゅうしよう！」「やってみよう！」の3ステップで，社会の内容の基本を身につけます。

● かくにんテスト	基本の学習で学習したことが を確にんします。

JN008239

● まとめテスト	このドリルで学習したことが身についているか を確にんします。

ステップ1 単元ごとに，学習内容の要点をまとめています。

ステップ3 少しむずかしい問題にちょう戦してみましょう。

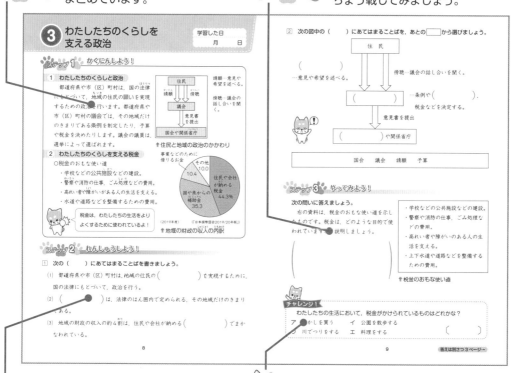

ステップ2 練習問題を解きましょう。

チャレンジ！ 息ぬきのクイズコーナーです。ちょう戦してみましょう。

チャ太郎ドリル 小6 社会
もくじ

数犬チャ太郎

プロフィール

いっしょに学ぼう！

名前
数犬チャ太郎

性別
男の子

性格
元気いっぱい！

夢
まだ世界でだれも知らない何かを発見すること！

種類
しば犬

たん生日
3月14日

好きなこと
船に乗ってぼう険すること

3

1 憲法とわたしたちのくらし

ステップ1　かくにんしよう！

日本国憲法の三つの原則

日本国憲法は，日本の国や国民の生活の基本について定めています。

○**基本的人権の尊重**…人が生まれながらにしてもっている，おかすことのできない権利です。だれもが**個人**として尊重されます。

・思想や学問の自由 ・**教育を受ける権利** ・政治に参加する権利　　など	・仕事について**働く義務** ・**税金を納める義務** ・子どもに**教育を受けさせる義務**
↑**国民の権利**	↑**国民の義務**

○**国民主権**…国の政治のあり方を最終的に決めるのは国民です。**天皇**は，日本国と日本国民のまとまりの**象徴**（しるし）で，**内閣**の助言と承認にもとづいて**国事行為**を行います。

○**平和主義**…二度と戦争をしないことや，外国との争いごとを**武力**で解決せず，そのための**戦力**をもたないことです。

非核三原則…核兵器を「もたない，つくらない，もちこませない」。

ステップ2　れんしゅうしよう！

1　次の(1)〜(3)の日本国憲法の原則を何といいますか。ア〜ウから選び，記号で答えましょう。

(1)　世界平和を求め，二度と戦争をしない。　　　　　　　　（　　　　　）

(2)　人が生まれながらにもっている権利を大切にする。　　　（　　　　　）

(3)　国民が国の政治のあり方を最終的に決定する。　　　　　（　　　　　）

　ア　国民主権　　イ　平和主義　　ウ　基本的人権の尊重

2 次の文の（　　　）にあてはまることばを，あとの□□から選びましょう。

(1) 日本国憲法では，天皇は日本国と日本国民のまとまりのしるしである

　（　　　　　　　　　）と定められている。

(2) 日本国憲法では，外国との争いごとを（　　　　　　　　　）で解決せず，そのた

めの戦力をもたないと定められている。

(3) 天皇は，内閣の助言と承認にもとづいて，（　　　　　　　　　　）を行う。

(4) 国民には，仕事について働く義務や（　　　　　　　　）を納める義務，子ども

に教育を受けさせる義務が定められている。

(5) 日本は，核兵器を「もたない，つくらない，もちこませない」という

　（　　　　　　　　　　　　）をかかげている。

国事行為　　武力　　税金　　非核三原則　　象徴

ステップ3 やってみよう！

次の問いに答えましょう。

(1) 現在，日本で主権をもつのはだれですか。ア～ウから選び，記号で答えましょ

う。　　　　　　　　　　　　　　　　　　　　　（　　　　　）

　ア　天皇　　イ　国民　　ウ　内閣総理大臣

(2) 右の資料は，日本国憲法の前文
の一部を要約したものです。この
資料は，日本国憲法の三つの原則
のうちのいずれについて定めたも
のですか。

　（　　　　　　　　　　）

日本国民は，世界がいつまでも平和であることを願います。わたしたちは，平和と正義を愛する世界の人々を信らいして，平和を守ることを決意しました。 …わたしたちは，世界中の人々が，平等に，恐怖や欠乏なく，平和にくらす権利があることを確認します。

② 国の政治のしくみと選挙

ステップ1　かくにんしよう！

① 国の政治のしくみ

　国の政治は，立法権をもつ**国会**，行政権をもつ**内閣**，司法権をもつ**裁判所**が分担しています。これを**三権分立**といい，たがいの権力を抑制し合い，権力の集中を防ぐためのしくみです。

○国会…**法律や予算**など，国の政治の方向を決めます。**衆議院**と**参議院**で慎重に話し合います。

○内閣…国会で指名された**内閣総理大臣**を中心に，国会で決められた法律や予算にもとづいて，政治をします。

○裁判所…法律にもとづいて裁判を行います。**裁判員制度**によって，国民の意見を裁判に反映しています。

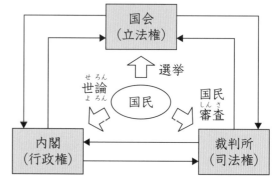

↑三権分立のしくみ

② 国会と選挙

　国会議員は，国民の投票によって選ばれます。選挙権は**18才以上**の国民に認められています。

> 選挙権は，国民が政治に参加するための，とても大切な権利だよ！

ステップ2　れんしゅうしよう！

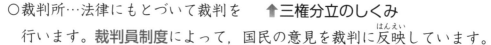

① 次の文の（　　　）にあてはまることばを，あとの　　　　から選びましょう。

⑴ 法律や予算にもとづいて，（　　　　　　　　　）が政治を行います。

⑵ （　　　　　　　　　）では，選挙で選ばれた議員が，国の法律や予算を決めたり，内閣総理大臣を指名したりします。

⑶ （　　　　　　　　　）は，法律にもとづいて，犯罪などを裁きます。

> 国会　　　内閣　　　裁判所

2 次の文の（　　　）にあてはまることばや数字はどれですか。ア～カから選び，記号で答えましょう。

(1) 国会は，立法権をもっており，予算や（　　　　　　　）などを決めることができる。

(2) 国会は，（　　　　　　　）と参議院の二院に分かれており，慎重に話し合って，国の政治の方向を決める。

(3) 内閣は，国会で国会議員の中から指名された（　　　　　）を中心に，法律や予算などにもとづいて政治を行う。

(4) （　　　　　　　）制度は，国民の意見を裁判に反映させるためのしくみである。

(5) 国会議員などを選ぶ権利である選挙権は，（　　　　　　　）才以上の国民に認められている。

ア　18　　　イ　20　　　ウ　衆議院
エ　裁判員　オ　内閣総理大臣　カ　法律

ステップ3　やってみよう！

次の問いに答えましょう。

(1) 右の図のように，3つの機関に政治の権限を分担させるしくみを何といいますか。
（　　　　　　　　　）

(2) 右の図のようなしくみがとられている理由を説明しましょう。

（　　　　　　　　　　　　　　　　　　　　　　　　　　　）

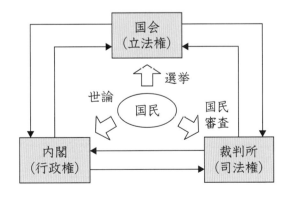

③ わたしたちのくらしを支える政治

ステップ1　かくにんしよう！

1　わたしたちのくらしと政治

　都道府県や市（区）町村は，国の法律にもとづいて，地域の住民の**願い**を実現するための政治を行います。都道府県や市（区）町村の**議会**では，その地域だけのきまりである**条例**を制定したり，予算や税金を決めたりします。議会の議員は，選挙によって選ばれます。

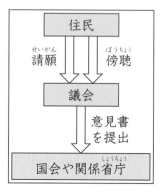

| 住民 |
| 請願　　傍聴 |
| 議会 |
| 意見書を提出 |
| 国会や関係省庁 |

⬆住民と地域の政治のかかわり

請願…意見や希望を述べる。

傍聴…議会の話し合いを聞く。

2　わたしたちのくらしを支える税金

○**税金**のおもな使い道

・学校などの**公共施設**などの建設。
・警察や消防の仕事，ごみ処理などの費用。
・高れい者や障がいがある人の生活を支える。
・水道や道路などを整備するための費用。

税金は，わたしたちの生活をよりよくするために使われているよ！

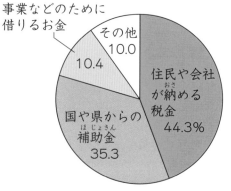

事業などのために借りるお金

その他 10.0

住民や会社が納める税金 44.3%

国や県からの補助金 35.3

10.4

（2019年度）　（「日本国勢図会2019/20年版」）

⬆地域の財政の収入の内訳

ステップ2　れんしゅうしよう！

① 次の（　　　）にあてはまることばを書きましょう。

(1)　都道府県や市（区）町村は，地域の住民の（　　　　　　　）を実現するために，国の法律にもとづいて，政治を行う。

(2)　（　　　　　　　　）は，法律のはん囲内で定められる，その地域だけのきまりである。

(3)　地域の財政の収入の約4割は，住民や会社が納める（　　　　　　　）でまかなわれている。

2 次の図中の（　　　）にあてはまることばを，あとの□□□から選びましょう。

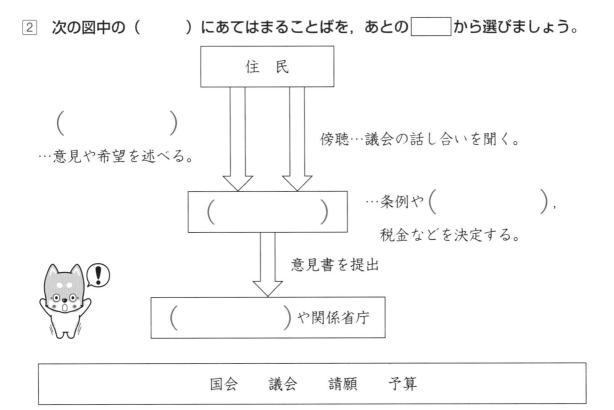

住　民

（　　　　　　　）
…意見や希望を述べる。

傍聴…議会の話し合いを聞く。

（　　　　　　　）

…条例や（　　　　　　　），
税金などを決定する。

意見書を提出

（　　　　　　　）や関係省庁

国会　　議会　　請願　　予算

ステップ3　やってみよう！

次の問いに答えましょう。

　右の資料は，税金のおもな使い道を示したものです。税金は，どのような目的で使われていますか。説明しましょう。

（　　　　　　　　　　　　　）

・学校などの公共施設などの建設。
・警察や消防の仕事，ごみ処理などの費用。
・高れい者や障がいのある人の生活を支える。
・上下水道や道路などを整備するための費用。

↑税金のおもな使い道

チャレンジ！

　わたしたちの生活において，税金がかけられているものはどれかな？

ア　おかしを買う　　イ　公園を散歩する
ウ　川でつりをする　エ　料理をする

〔　　　　〕

④ 自然災害と政治

ステップ1　かくにんしよう！

1 東日本大震災

　2011年3月11日，宮城県沖を震源とする地震が発生し，巨大な**津波**が沿岸のまちをおそいました（**東日本大震災**）。この地震と津波は，東日本各地に大きな被害をもたらしました。まちはこわれ，水道やガス，電気などの**ライフライン**が止まり，多くの人々が**避難所**での不便な生活を強いられました。被災した地域へは，災害救助法にもとづいて，救助のほか，食料や水の支援などが行われました。

2 災害が発生したときの政治のはたらき

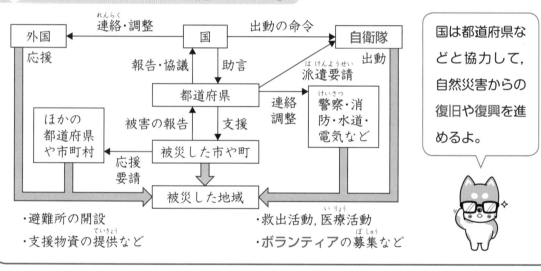

国は都道府県などと協力して，自然災害からの復旧や復興を進めるよ。

・避難所の開設
・支援物資の提供など

・救出活動，医療活動
・ボランティアの募集など

ステップ2　れんしゅうしよう！

① 次の(1)～(3)を何といいますか。ア～ウから選び，記号で答えましょう。

(1) 地震の後，沿岸をおそうことがある巨大な波。　　　　　　　（　　　　　）

(2) 水道やガス，電気などの生活の基ばんとなるもの。　　　　　（　　　　　）

(3) 災害が発生したときに，国が救助活動などの支援を行うための法律。

（　　　　　）

　　ア　ライフライン　　イ　災害救助法　　ウ　津波

② 次の文の（　　　　）にあてはまることばを書きましょう。

(1) 2011 年 3 月 11 日，（　　　　　　　　　　）大震災が起こり，大きな被害が

発生した。

(2) 災害が起こったとき，自主的に被災地や被災者を支援する活動を行う人たちの

ことを（　　　　　　　　　　　　）という。

(3) （　　　　　　　　　　）は，災害が起こったとき，都道府県の派遣要請や国の

出動の命令を受けて，被災地や被災者の救助や支援活動を行う。

 ステップ❸ やってみよう！

次の問いに答えましょう。

　東日本大震災で大きな被害を出した市
では，右の図のように，海の近くの家を
高い場所へ移す取り組みが行われました。
このような取り組みを行った目的を説明
しましょう。

（

　　　　　　　　　　　　　　　　　　　　　　　　　　　　　　　　　　　）

チャレンジ！

　東日本大震災で大きな地震が発生した宮城県の形はどれかな？

ア　　　　　　　イ　　　　　　　ウ　　　　　　　エ

〔　　　　　〕

答えは別さつ 3 ページ→

1 日本国憲法の三つの原則について説明した，次の文の（　　　）にあてはまることばを書きましょう。

(1) 日本国憲法では，国の主権をもつのは国民であり，（　　　　　　　　）は，日本の国や国民のまとまりの象徴（しるし）であると定められている。

(2) 外国との争いごとを武力で解決せず，そのための戦力ももたないという原則を（　　　　　　　　　）という。

(3) 人が生まれながらにしてもっている自由で平等な権利を大切にするという原則を（　　　　　　　　）の尊重という。

2 次の問いに答えましょう。

(1) 右の図は，三権分立のしくみを示したものです。図中の①〜③にあてはまる機関名を書きましょう。

　　　　① （　　　　　　　）

　　　　② （　　　　　　　）

　　　　③ （　　　　　　　）

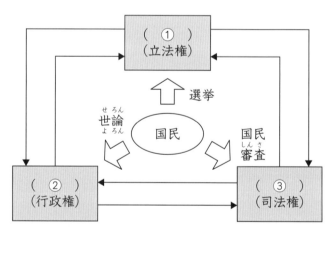

(2) 選挙権は，何才以上の国民に認められていますか。　　　（　　　　　　　）才

(3) 国民が裁判に参加することで，国民の意見を裁判に反映させるための制度を何といいますか。

　　　　　　　　　　　　　　　　　　　　　（　　　　　　　　　）

3 わたしたちの願いを実現する政治について，次の問いに答えましょう。

(1) 右のグラフは，地域の財政収入の内訳を示したものです。グラフ中の ▭ にあてはまることばを，漢字2字で書きましょう。

▭

事業などのために
借りるお金

その他
10.0

10.4

住民や会社
が納める
▭
44.3%

国や県からの
補助金
35.3

(2019年度) 　　（「日本国勢図会2019/20年版」）

⬆地域の財政の収入の内訳

(2) 都道府県や市（区）町村の議会で制定される，その地域だけに適用されるきまりを何といいますか。

（　　　　　　）

(3) 都道府県や市（区）町村の議会の仕事として最も適切なものはどれですか。ア〜エから選び，記号で答えましょう。

ア　外国と条約を結ぶ。
イ　内閣総理大臣を指名する。
ウ　都道府県や市（区）町村の予算を決める。
エ　法律が憲法に違反していないか調べる。

やってみよう!!

（　　　　　　）

4 次の文章中の（　　　）にあてはまることばを，あとのア〜エから選び，記号で答えましょう。

地震などで災害が発生すると，災害対策本部が設置され，被災した人々を保護するための（　　　　）が開設されます。また，都道府県の要請や国の出動命令を受けて（　　　　）が派遣され，救出活動などが行われます。ほかにも食料や水などの支援物資が提供されたり，各地から集まった（　　　　）によってたき出しなどが行われたりします。このように，国や都道府県，市（区）町村が協力して，復旧や復興のための活動が行われます。

ア　ボランティア　　イ　避難所　　ウ　自衛隊　　エ　ライフライン

答えは別さつ4ページ→

⑥ 縄文時代と弥生時代のくらし

ステップ1　かくにんしよう！

1 縄文時代

人々は，**たて穴住居**という家に住み，動物や魚，木の実などを手に入れてくらしていました。縄文土器を使い，豊作などをいのって**土偶**がつくられました。

↑たて穴住居

↑土偶

また，貝がらや動物の骨などを捨てたあとの**貝塚**から，当時の生活の様子がわかります。

青森県の**三内丸山遺跡**は，当時の人々がくらしていた集落のあとです。

2 弥生時代

大陸から**米づくり**や鉄器，青銅器が伝わり，各地に広がりました。やがて食料や田，水などをめぐって，むらとむらの間で争いが起こるようになり，くにがつくられました。佐賀県の**吉野ヶ里遺跡**は，二重の堀やさくに囲まれた集落のあとです。

3世紀には，女王**卑弥呼**が**邪馬台国**を治めたとされています。

↑石包丁

卑弥呼は，中国に使いを送って，倭（日本）の王であることを認められたよ。

ステップ2　れんしゅうしよう！

① 次の(1)～(3)の文が，縄文時代について書かれていればア，弥生時代について書かれていればイと書きましょう。

(1) 米づくりが各地に広まった。　　　　　　　　　　　　（　　　　　）

(2) 卑弥呼が中国に使いを送った。　　　　　　　　　　　（　　　　　）

(3) 豊作などをいのって，土偶がつくられた。　　　　　　（　　　　　）

② 次の文の（　　　　）にあてはまることばを，あとの⬚から選びましょう。

(1) 縄文時代の人々が食べた貝がらや動物の骨などを捨てた場所のあとを

（　　　　　　　　　）という。

(2) 縄文時代には，人々は，地面を浅くほり，草などで屋根をふいてつくられた

（　　　　　　　　　　　　　）でくらしていた。

(3) 中国の書物には，邪馬台国の女王（　　　　　　　　　）は，30ほどのくに

を従（したが）えていたと記されている。

(4) 佐賀県の（　　　　　　　　　　　　）遺跡は，二重の堀やさく

で囲まれている。

⬚
　　吉野ヶ里　　　卑弥呼　　　貝塚　　　たて穴住居
⬚

ステップ3　やってみよう！

次の問いに答えましょう。

　弥生時代の遺跡には，二重の堀やさくに囲まれたつくりのものがあります。この
ような堀やさくがつくられたのはなぜだと考えられますか。説明しましょう。

（　　　　　　　　　　　　　　　　　　　　　　　　　　　　　　　　　　）

チャレンジ！

　チャ太郎は，右の道具を使って，弥生時代に行われ
ていた米づくりにチャレンジしているよ。右の道具は，
米づくりのどの作業で使われるものかな？

ア　種まき　　イ　田植え
ウ　代（しろ）かき　　エ　稲（いね）かり

〔　　　〕

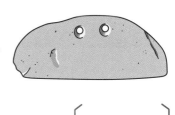

答えは別さつ4ページ→

ステップ1　かくにんしよう！

1 古墳と豪族

　3世紀中ごろから7世紀初めごろには，日本各地に，有力な豪族や王の墓である古墳がつくられました。古墳のまわりにははにわが並べられていました。この時代を，古墳時代といいます。

　日本最大の古墳は，大阪府堺市の大仙古墳（仁徳天皇陵古墳）で，前方後円墳とよばれる形をしています。

↑はにわ

↑前方後円墳

2 大和朝廷と大陸文化

　4世紀ごろ大和地方（奈良県）で，大王（のちの天皇）を中心に，大和朝廷（大和政権）がつくられました。大和朝廷は，5世紀ごろには九州地方から東北地方南部までを支配するようになりました。

　このころ，中国や朝鮮半島から日本に移り住んだ人々（渡来人）によって，大陸の進んだ技術や文化が伝えられました。

渡来人は，漢字や仏教などを日本に伝えたよ。

ステップ2　れんしゅうしよう！

1　次の(1)～(3)を何といいますか。ア～ウから選び，記号で答えましょう。

(1)　3世紀ごろから日本各地につくられた有力な豪族や王の墓。　（　　　　　）

(2)　4世紀ごろ，大和地方で大王を中心につくられた国の政府。　（　　　　　）

(3)　渡来人が，日本に伝えた文字。　（　　　　　）

　ア　大和朝廷　　イ　漢字　　ウ　古墳

2　次の文の（　　　）にあてはまることばを書きましょう。

(1)　古墳のまわりには，さまざまな形の（　　　　　　　　　　）が並べられた。

(2)　大阪府堺市にある大仙古墳(仁徳天皇陵古墳)は，（　　　　　　　　　　）

とよばれる形をしている。

(3)　大和朝廷の中心となった（　　　　　　　　）は，のちの時代に天皇とよばれる

ようになった。

(4)　中国や朝鮮半島から，（　　　　　　　　）とよばれる人々が日本に移り住

み，さまざまな技術や文化を伝えた。

ステップ3　やってみよう！

次の問いに答えましょう。

(1)　日本で最も大きな古墳はどこにありますか。
右の地図中の**ア〜ウ**から選び，記号で答えま
しょう。
　　　　　　　　（　　　　　）

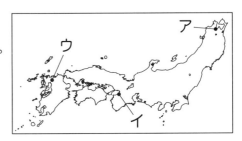

(2)　日本で最も大きな古墳はどのような形をしていますか。**ア〜ウ**から１つ選び，
記号で答えましょう。
　　　　　　　　　　　　　　　　　　　　　　（　　　　　）

 ア　　　　　 イ　　　　　 ウ

チャレンジ！

　チャ太郎は，大阪府にある大仙古墳（仁徳天皇稜古墳）を見るために，大阪府
へ旅行に行ったよ。大阪府の特産品は何かな？
　ア　チーズ　　イ　そば　　ウ　カステラ　　エ　たこ焼き　〔　　　　　〕

ステップ1 　かくにんしよう！

1 聖徳太子の政治

　593年，聖徳太子は天皇を助ける地位につき，蘇我氏と協力して，天皇中心の国づくりを進めました。

　聖徳太子は，能力のある者を役人にするために冠位十二階を定め，役人の心構えを示すために十七条の憲法を制定しました。また，中国（隋）へ小野妹子らを遣隋使として送り，中国の進んだ政治のしくみや文化を取り入れようとしました。

↑聖徳太子

一　人の和を大切にし，争わないようにしなさい。

二　仏教をあつく敬いなさい。

三　天皇の命令には必ず従いなさい。

↑十七条の憲法（一部）

聖徳太子は，仏教を信仰し，法隆寺を建てたよ。

2 大化の改新

　聖徳太子の死後，蘇我氏の力が強くなると，645年，中大兄皇子（のちの天智天皇）や中臣鎌足らは蘇我氏をたおし，天皇中心の国づくりを始めました（大化の改新）。飛鳥時代末には，国を治めるための法律（律令）がつくられ，人々にはさまざまな税が課されました。

租	稲の収穫高の約3％
調	地方の特産物
庸	都での労働か布

↑律令制での税

ステップ2 　れんしゅうしよう！

① 次の(1)～(3)の人物はだれですか。あとの◯◯◯から選びましょう。

(1) 能力のある人を役人にするために，冠位十二階を制定した。

（　　　　　　　　　）

(2) 遣隋使として中国に送られた。 　（　　　　　　　　　）

(3) 蘇我氏をたおし，大化の改新を始めた。 （　　　　　　　　　）

中大兄皇子　　　聖徳太子　　　小野妹子

② 次の文の（　　　）にあてはまることばを,ア〜エから選び,記号で答えましょう。

(1) 聖徳太子は604年に（　　　　　　　）を制定し,役人の心構えを示した。

(2) 聖徳太子は,仏教を信仰し,（　　　　　　　　）などの寺を建てた。

(3) 645年,中大兄皇子らが蘇我氏をたおし,天皇中心の政治を始めたことを
（　　　　　）という。

(4) 律令制下では,人々に稲の収穫高の約3％を（　　　　　　）として納めさせた。

ア　租　　　　　　　イ　法隆寺
ウ　十七条の憲法　　エ　大化の改新

ステップ③　やってみよう！

次の問いに答えましょう。

聖徳太子が,中国の進んだ政治や文化を取り入れるために行ったことは何ですか。
説明しましょう。

（　　　　　　　　　　　　　　　　　　　　　　　　　　　　　　　　）

チャレンジ！

チャ太郎は,世界遺産に登録されている法隆寺に行ってみたいと考えているよ。
法隆寺がある場所はどこかな？

〔　　　　　〕

9 聖武天皇の政治と文化

ステップ1　かくにんしよう！

1 奈良の都と聖武天皇の政治

　710年，中国にならって，奈良に平城京がつくられました。以後の約80年間を奈良時代といいます。

　聖武天皇は，仏教の力にたよって社会の不安をしずめ，国を守ろうと考え，都に東大寺を，国ごとに国分寺を建てました。東大寺には，僧の行基の協力のもと，全国から集められた農民によって大仏がつくられました。

↑東大寺の大仏

2 奈良時代の文化

　聖武天皇は，中国（唐）へ遣唐使や留学生を送り，大陸の進んだ文化や技術を取り入れました。

　東大寺にある正倉院には，聖武天皇のもちもののほか，インドや西アジアでつくられた宝物がおさめられています。

←正倉院のガラスのコップ

このコップは，西アジアのガラスでつくられているんだよ！

　中国の僧の鑑真は，聖武天皇に招かれて，何回も航海に失敗しながらも来日しました。鑑真は，唐招提寺を建て，日本に正式な仏教を広めました。

ステップ2　れんしゅうしよう！

1　次の(1)〜(3)の人物はだれですか。ア〜ウから選び，記号で答えましょう。

(1) 都に東大寺を，国ごとに国分寺を建てた。　　　　　　（　　　　　）

(2) 東大寺の大仏づくりに協力した。　　　　　　　　　（　　　　　）

(3) 中国から来日した僧で，日本に正式な仏教を広めた。　（　　　　　）

　ア　行基　　イ　鑑真　　ウ　聖武天皇

2 次の文の（　　　）にあてはまることばを書きましょう。

(1) 710年，中国にならって，奈良に（　　　　　　　　　　）がつくられた。

(2) 聖武天皇は，都に東大寺を，国ごとに（　　　　　　　　　　）を建てた。

(3) 東大寺の（　　　　　　　　　　　）には，聖武天皇のもちものや，遣唐使が中国

からもち帰った宝物がおさめられている。

(4) 中国から来日した鑑真は，唐招提寺を建て，日本に

正式な（　　　　　　　　　　）を伝えた。

ステップ3　やってみよう！

次の問いに答えましょう。

(1) 聖武天皇が，都に東大寺，国ごとに国分寺を建てた目的を，ア〜ウから選び，
記号で答えましょう。

　ア　天皇中心の政治をするため。

　イ　仏教の力にたよって，国を守るため。

　ウ　豊作をいのるため。　　　　　　　　　　　　　　　（　　　　　）

(2) 次の文章中の□にあてはまることばを書きましょう。

> 　東大寺の正倉院には，右のような宝物が保管されていま
> した。このことから，当時の日本は，遣唐使などを送るこ
> とで，□を取り入れていたことがわかります。

（　　　　　　　　　　　　　　　　　　　　　　　　　　　）

チャレンジ！

　チャ太郎は，東大寺につくられた大仏について調べているよ。当
時の大仏の大きさはどれくらいかな？

　ア　5.8m　　イ　10.8m　　ウ　15.8m　　　〔　　　　　〕

答えは別さつ6ページ→

⑩ 貴族のくらし

ステップ1 かくにんしよう！

1 藤原氏の政治

794年，都が**平安京**（京都府）へ移されました。**平安時代**には，朝廷の政治を，**藤原氏**などの，有力な**貴族**が動かすようになりました。**藤原道長**は，自分のむすめを天皇のきさきにして天皇とのつながりを強化し，大きな力をもちました。

道長は，世の中が自分の思い通りになっているという歌をよんだよ。

この世をば
わが世とぞ思う望月の
欠けたることも
なしと思えば

↑藤原道長の歌

2 日本風の文化（国風文化）

平安時代の貴族は**寝殿造**とよばれる屋敷に住み，女性は**十二単**という衣服を身につけました。

貴族の生活の様子をあざやかな色でえがいた**大和絵**

↑寝殿造

↑十二単

が生まれました。また，漢字から**かな文字**（ひらがなとかたかな）がつくられて感情が自由に表現できるようになり，紫式部の『**源氏物語**』や清少納言の『**枕草子**』などの文学作品が生まれました。平安時代に行われた，お正月や七夕などの**年中行事**は，現在まで受けつがれています。

ステップ2 れんしゅうしよう！

① 次の文の（　　　）にあてはまることばを書きましょう。

(1) 794年，都が（　　　　　　　　　　）（京都府）に移された。

(2) 平安時代には，貴族の生活の様子が，（　　　　　　　　　　）にあざやかな色でえがかれた。

(3) 漢字から，ひらがなとかたかなの（　　　　　　　　　　）がつくられた。

2 次の文の（　　　）にあてはまるものを，ア～カから選び，記号で答えましょう。

(1) （　　　　　　）は，自分のむすめを天皇のきさきにして天皇とのつながりを強化し，大きな力をもった。

(2) 平安時代の貴族は，（　　　　　　）の屋敷でくらしていた。

(3) 平安時代の貴族の女性は，（　　　　　　）という服を着ていた。

(4) かな文字を使って，紫式部は（　　　　　　）という小説を，清少納言は（　　　　　　）という随筆を書いた。

(5) 平安時代には，お正月や七夕などの（　　　　　　）が貴族の間で行われ，これらは現在まで受けつがれている。

ア　年中行事　　イ　『源氏物語』　　ウ　『枕草子』
エ　藤原道長　　オ　十二単　　　　カ　寝殿造

ステップ3　やってみよう！

次の問いに答えましょう。

(1) 平安時代に，朝廷の政治を動かすようになったのは，どのような人々ですか。ア～ウから選び，記号で答えましょう。
　　ア　天皇　　イ　貴族　　ウ　農民
　　　　　　　　　　　　　　　　（　　　　　）

(2) かな文字は，平安時代に，ある文字をもとにしてつくられた，日本独自の文字です。かな文字のもとになった文字は何ですか。かな文字の成り立ちを示した右の資料を参考にして，書きましょう。
　　　　　　　　　　（　　　　　）

阿 ア	伊 イ	宇 ウ	江 エ	於 オ
阿	伊	宇	江	於
↓	↓	↓	於	↓
安	以	宇	衣	於
↓	↓	↓	↓	↓
安	以	宇	衣	於
あ	い	う	え	お

答えは別さつ6ページ→

11 かくにんテスト②

1 次の文の（　　　）にあてはまることばを書きましょう。

(1) 青森県の三内丸山遺跡は，（　　　　　　　　　　　）時代の大規模な集落あとである。

(2) 弥生時代には，大陸から伝わった（　　　　　　　　　　　）が各地に広まり，

食料や田，水などをめぐって，むらとむらの間で争いが起こるようになった。

(3) 3世紀ごろ，（　　　　　　　　　　　）の女王卑弥呼が30ほどのくにを従

えていたと中国の歴史書に記されている。

(4) 4世紀ごろ，現在の奈良県を中心とした地域に，大きな国がつくられた。その

国の政府は（　　　　　　　　　　　）とよばれ，5〜6世紀ごろには日本の大

部分を統一した。

(5) 古墳時代に中国や朝鮮半島から日本に移り住み，すぐれた技術や進んだ文化を

伝えた人々を（　　　　　　　　　）という。

Check!

2 右の図について，次の問いに答えましょう。

(1) 図のような形の有力な豪族や王の墓を何といいますか。書

きましょう。

（　　　　　　　　　　　）

(2) (1)のまわりに並べられていた土製の焼き物を何といいます

か。ア〜ウから選び，記号で答えましょう。

ア　はにわ　　イ　土偶　　ウ　貝塚

（　　　　）

3 次の年表を見て，あとの問いに答えましょう。

年代	おもなできごと
604	聖徳太子が（ ① ）を制定する
645	（ ② ）と中臣鎌足が新しい政治を始める …………………… **あ**
↕ **い**	
743	（ ③ ）が大仏をつくる命令を出す
11世紀前半	藤原道長が朝廷の政治を行った ……………………………………… **う**

(1) 右の資料は，聖徳太子が制定した年表中の（ ① ）の一部です。（ ① ）にあてはまることばを書きましょう。

（　　　　　　　　　　　　　）

> 一　人の和を大切にし，争わないようにしなさい。
> 二　仏教をあつく敬いなさい。
> 三　天皇の命令には必ず従いなさい。

(2) 年表中の（ ② ），（ ③ ）にあてはまる人物の名前を書きましょう。

②（　　　　　　　　　）　　③（　　　　　　　　　）

(3) 年表中の**あ**のできごとを何といいますか。書きましょう。

（　　　　　　　　　　）

(4) 年表中の**い**のころに，律令がつくられ，人々にはさまざまな税が課されました。税の名前と納めたものの組み合わせとして正しいものを，ア～ウから選び，記号で答えましょう。

　ア　租－地方の特産物
　イ　調　稲の収穫高の約３％
　ウ　庸－都での労働か布

（　　　　）

(5) 年表中の**う**について，藤原氏はどのようにして大きな力をもつようになりましたか。「むすめ」「天皇」ということばを用いて，説明しましょう。

（
　　　　　　　　　　　　　　　　　　　　　　　　　　　　　　　　　　　）

12 武士の登場と平氏の政治

ステップ1　かくにんしよう！

1 武士の登場とくらし

　平安時代の中ごろ，地方の豪族などが，自分たちの土地を守るために武器をとり，**武士**とよばれるようになりました。

　武士は自分の領地が見わたせる場所に，堀や垣根に囲まれたやかたを建ててくらしました。領地を守るために，武器の手入れや武芸の訓練などを行っていました。

武士はいつでも戦えるように，準備していたんだね！

2 平氏の政治

　武士は，朝廷や貴族に仕えて大きな力をもつようになると，一族のかしらを中心に武士団をつくりました。武士団の中で，特に勢力が強かったのは，**平氏**と**源氏**です。

　平清盛は**平治の乱**で源氏をやぶり，1167年に，武士として初めて**太政大臣**となりました。清盛はむすめを天皇のきさきにし，貴族にかわって政治を行いました。平氏は，中国（宋）との貿易を行い，**厳島神社**（広島県）をまつって，海上交通の安全をいのりました。

↑厳島神社

　平氏は朝廷の政治を思うように進めたため，やがて，貴族や武士たちの間で平氏に対する不満が高まっていきました。

ステップ2　れんしゅうしよう！

① 次の文の（　　　）にあてはまることばを書きましょう。

(1) 平安時代の中ごろには，地方の豪族などが自分の領地を守るために武器をとり，

（　　　　　　　　　）とよばれるようになった。

(2) 平治の乱で源氏をやぶった（　　　　　　　　　）は，1167年，武士として

初めて太政大臣となった。

2　次の文の（　　　　）にあてはまることばを，ア〜ウから選び，記号で答えましょう。

(1)　大きな力をつけた武士たちは，一族のかしらを中心として（　　　　　）をつくった。

(2)　平氏は，（　　　　　　　）で源氏をやぶり，朝廷内での力を強めた。

(3)　平清盛は，中国（宋）と貿易を行い，（　　　　　　　）をまつって，海上交通の安全をいのった。

　　ア　平治の乱　　イ　厳島神社　　ウ　武士団

ステップ3　やってみよう！

次の問いに答えましょう。

(1)　武士たちは，どのような家でくらしていましたか。ア〜ウから選び，記号で答えましょう。
　　ア　堀や垣根があり，領地が見わたせる場所に建てられた家。
　　イ　地面を浅くほり，草などで屋根をふいてつくった家。
　　ウ　庭に池がつくられ，建物がろうかで結ばれた家。
　　　　　　　　　　　　　　　　　　　　　　　　　（　　　　　）

(2)　厳島神社がある場所を，右の地図中のア〜エから選び，記号で答えましょう。
　　　　　　　（　　　　　）

チャレンジ！
　武士が，戦いに備えて飼育していた動物は何かな？
　ア　牛　イ　ねこ　ウ　うさぎ　エ　馬　　〔　　　　　〕

答えは別さつ7ページ→

⑬ 鎌倉幕府の成立

ステップ1　かくにんしよう！

1 鎌倉幕府の成立

　1185年，壇ノ浦の戦いで平氏がほろびると，源頼朝は，国ごとに守護を，荘園などに地頭を置きました。1192年，頼朝は朝廷から征夷大将軍に任命されました。このようにして，頼朝は，鎌倉（神奈川県）に幕府を開きました。将軍と御家人（将軍に従った武士）は，ご恩と奉公による主従関係で結ばれていました。

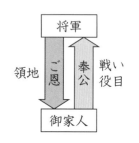

↑ご恩と奉公

2 執権政治の始まり

　源氏の将軍が3代で絶えると，幕府の政治は，代々，執権についた北条氏がにぎりました。

　1221年，朝廷が幕府をたおそうと兵をあげると，頼朝の妻であった北条政子は，御家人たちの団結をうながし，朝廷の軍を打ちやぶりました（承久の乱）。

　1232年には，武士の裁判の基準となる法律（御成敗式目）が制定されました。

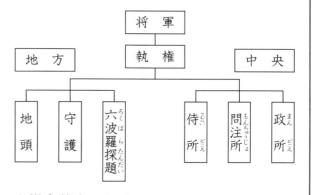

↑鎌倉幕府のしくみ

武士による政治が始まったよ！

ステップ2　れんしゅうしよう！

1　次の(1)～(3)を何といいますか。ア～ウから選び，記号で答えましょう。

(1) 代々，北条氏がついた，将軍を補佐する役職。　　　　　（　　　　　）

(2) 国ごとに置かれ，軍事や警察の仕事をする役職。　　　　（　　　　　）

(3) 荘園ごとに置かれ，税の取り立てなどを行う役職。　　　（　　　　　）

　ア　地頭　　イ　執権　　ウ　守護

② 次の文の（　　　）にあてはまることばを書きましょう。

(1) 1192年，（　　　　　　　　　　　　）は，朝廷から征夷大将軍に任命され，武士

のかしらの地位についた。

(2) 将軍に従った武士である（　　　　　　　　　　　　）は，戦いがあるときには，幕

府のために戦った。

(3) 将軍が将軍に従った武士に対して，領地を保護し，手がらがあったときに新し

い領地をあたえることを（　　　　　　　　　　　　）という。

(4) 源頼朝の妻であった（　　　　　　　　　　　　）は，朝廷が幕府をたおそうと

兵をあげたとき，御家人たちの団結をうながし，幕府の危機（きき）を救った。

(5) 1232年，（　　　　　　　　　　　　）が制定され，武士の裁判の基準と

なった。

ステップ❸　やってみよう！

次の問いに答えましょう。

(1) 鎌倉幕府が置かれた神奈川県の位置を，右の
地図中のア～エから選び，記号で答えましょう。

（　　　　）

(2) 将軍に従った御家人たちは，将軍に対する奉公として，戦いが起こったときに
どのような行動をとりましたか。説明しましょう。

（　　　　　　　　　　　　　　　　　　　　　　　　　　　　　　　　　　）

答えは別さつ8ページ→

⑭ 元との戦い

ステップ1　かくにんしよう！

1　元との戦い

　13世紀，モンゴル人が中国を支配し，元という国をつくりました。元は，朝鮮を従えた後，日本も従えようとして何度も使者を送ってきました。鎌倉幕府の執権であった北条時宗は，元の要求を受け入れなかったため，元は，2度にわたって，九州北部にせめこんできました（元寇）。

集団で戦い，火薬兵器を使う。

元軍

てつはう

日本軍

日本は，元軍に苦戦したよ。

一所懸命，幕府のために戦う。

2　元との戦いのあとの様子

　御家人の激しい抵抗や嵐によって，元軍は引き上げました。1度目の戦いの後，再び元が上陸するのを防ぐため，幕府は，防塁（石塁）をつくりました。

　御家人は元軍と命がけで戦いましたが，幕府は御家人たちに，ご恩として新しい領地をほとんどあたえることができませんでした。そのため，御家人たちは幕府に不満をもつようになりました。

ステップ2　れんしゅうしよう！

① 次の問いに答えましょう。

(1) 元軍がせめてきたときの幕府を何といいますか。

（　　　　　　　　　　）

(2) 元寇のときに，火薬兵器を用いたのは，日本軍と元軍のどちらですか。

（　　　　　　　　　　）

② 次の文の（　　　　）にあてはまることばを，あとのア～カから選び，記号で答えましょう。

(1) 元軍は，朝鮮とともに，２度にわたって（　　　　　　）にせめこんだが，御家人の激しい抵抗や嵐によって，大陸に引き上げた。

(2) 幕府の執権であった（　　　　　　）は，元との戦いで御家人たちを指揮^しした。

(3) 元軍は，てつはうなどの火薬兵器を使い，（　　　　　　）で戦ったため，日本は苦戦した。

(4) 元軍との１度目の戦いの後，幕府は，元軍が再び上陸するのを防ぐために，（　　　　　　）をつくらせた。

ア　集団　　　　イ　一人　　　ウ　北条時宗
エ　北条政子　　オ　防塁　　　カ　九州北部

ステップ③ やってみよう！

次の問いに答えましょう。

元との戦いの後，御家人たちが幕府に不満をもつようになった理由を，説明しましょう。

（　　　　　　　　　　　　　　　　　　　　　　　　　　　　　　　　）

チャレンジ！

元との戦いに参加したのに，ご恩として新しい領地をもらえなかった九州の御家人の竹崎季長_{たけざきすえなが}は，新しい領地をもらうためにどんな行動をとったかな？
ア　泣いて悲しんだ。
イ　おこって，御家人をやめた。
ウ　鎌倉まで，自分の活やくをうったえにいった。

〔　　　　〕

答えは別さつ８ページ→

⑮ 室町時代のくらし

ステップ１　かくにんしよう！

1 室町幕府の成立

14世紀中ごろに鎌倉幕府がほろぶと，足利氏が京都に室町幕府を開きました。
3代将軍の足利義満は，中国（明）と貿易を行い，文化や芸術を保護しました。

2 室町時代の文化

義満は文化を保護し，京都の北山に金閣を建てました。8代将軍の足利義政
は，京都の東山に銀閣や，現在の和室の元となった書院造の部屋をつくりました。

↑金閣

↑銀閣

> 金閣ははなやか
> だけど，銀閣は
> 落ち着いた感じ
> だね。

雪舟は，中国から伝わったすみ絵（水墨画）を，日本独自の画風に完成させ
ました。また，観阿弥・世阿弥の父子によって能が大成され，また，民衆の生
活を題材にした狂言が広まりました。生活のようすも変化し，1日3回の食事
やうどん，とうふ，納豆などが広まりました。室町時代に生まれた文化の多く
は，現在のくらしに受けつがれています。

ステップ２　れんしゅうしよう！

① 次の(1)〜(3)の人物はだれですか。ア〜ウから選び，記号で答えましょう。

(1) 京都の北山に金閣を建てた。　　　　　　　　　　　　　（　　　　）

(2) 京都の東山に銀閣を建てた。　　　　　　　　　　　　　（　　　　）

(3) すみ絵（水墨画）を日本独自の画風に完成させた。　　　（　　　　）

　　ア　足利義政　　イ　雪舟　　ウ　足利義満

② 次の文の（　　　）にあてはまることばを，あとの ▢ から選びましょう。

(1) 足利氏が京都に開いた幕府を（　　　　　　　　）という。

(2) ３代将軍（　　　　　　　　）は，中国（明）と貿易を行い，京都の北山に金閣を建てた。

(3) 雪舟は，中国から伝わった（　　　　　　　　）を日本独自の画風に完成させた。

(4) 観阿弥・世阿弥の父子によって，（　　　　　　　）が大成された。

(5) 民衆の生活を題材にした（　　　　　　）は，日常の会話を用いており，民衆に広まった。

```
    狂言     すみ絵     足利義満
    足利義政     能     室町幕府
```

ステップ③　やってみよう！

次の問いに答えましょう。

(1) 右の図は，現在の和室の元となった部屋の一部を示しています。図のような部屋のつくりを何といいますか。書きましょう。

（　　　　　　　）

(2) 次のできごとを，起こった年代の古い順に並べかえましょう。

あ　足利義政が，東山に銀閣を建てた。

い　足利氏が，京都に室町幕府を開いた。

う　足利義満が，中国（明）と貿易を始めた。

（　　　　→　　　　→　　　　）

答えは別さつ９ページ→

16 鉄砲とキリスト教の伝来

ステップ1　かくにんしよう！

1　鉄砲の伝来

　京都で起こった応仁の乱によって室町幕府の力がおとろえると，各地で**戦国大名**が勢力を争う時代になり，この時代が約100年間続きました（戦国時代）。

　1543年，**ポルトガル人**を乗せた船が種子島（鹿児島県）に流れ着き，日本に**鉄砲**を伝えました。やがて，鉄砲は，堺（大阪府）などで大量につくられ，戦いで使われるようになりました。

↑鉄砲

2　キリスト教の伝来

　1549年，**スペイン人**の宣教師の**フランシスコ・ザビエル**が，鹿児島に来航し，**キリスト教**を伝えました。その後も多くの宣教師が来日し，西日本を中心にキリスト教を広めました。

　16世紀の後半になると，ポルトガルやスペインの商人との貿易（**南蛮貿易**）が始まり，ヨーロッパの文化や品物をもたらしました。

ボタンやカッパ，メガネなどが伝わったよ。

↑フランシスコ・ザビエル

ステップ2　れんしゅうしよう！

① 次の問いに答えましょう。

(1) 1543年に，種子島に伝わった武器は何ですか。ア〜ウから選び，記号で答えましょう。

　ア　刀　イ　やり　ウ　鉄砲　　　　　　　　　（　　　　）

(2) 南蛮貿易で，日本と貿易を行った相手国を，ア〜エから2つ選び，記号で答えましょう。

　ア　イギリス　イ　スペイン　ウ　アメリカ　エ　ポルトガル

　　　　　　　　　　　　　　　（　　　　）（　　　　）

2 次の文の（　　　）にあてはまることばを書きましょう。

(1) 室町幕府の力がおとろえると，各地で（　　　　　　　　　　）が勢力を争

う時代になった。

(2) 鉄砲は，（　　　　　　　　　　）に流れ着いたポルトガル人によって伝えられた。

(3) 1549 年，（　　　　　　　　　　　　　　）が鹿児島に

来航し，日本にキリスト教を伝えた。

(4) 日本はスペインやポルトガルと（　　　　　　　　　）貿易を行った。

ステップ❸　やってみよう！

次の問いに答えましょう。

(1) 右のグラフは，ある宗教を信じる人の数の移り
変わりを示しています。この宗教を何といいます
か。

（　　　　　　　　　）教

(2) フランシスコ・ザビエルが(1)の宗教を伝えるた
めに，初めに来航した場所を，ア～エから選び，
記号で答えましょう。
ア　鹿児島　　イ　京都
ウ　大阪　　　エ　博多　　　（　　　　　　　）

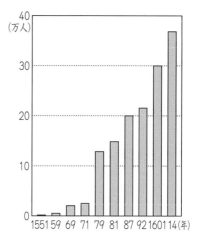

チャレンジ！

チャ太郎は，南蛮貿易で日本に伝わったといわれているおかしを食べようとし
ているよ。このおかしは，次のどれかな？
ア　だんご　　　イ　どら焼き
ウ　カステラ　　エ　ショートケーキ　　　〔　　　　　　　〕

答えは別さつ 9 ページ→

ステップ1　かくにんしよう！

1 織田信長

　織田信長は，桶狭間の戦いで勝利して勢力を広げ，将軍の足利氏を京都から追放して室町幕府をほろぼしました。また，長篠の戦いでは，大量の鉄砲を使用しました。

　安土（滋賀県）の城下町では，市場の税や関所をなくし，だれでも商売ができるようにしました（楽市・楽座）。

　しかし，明智光秀におそわれ，本能寺で自害しました。

↑織田信長

2 豊臣秀吉

　豊臣秀吉は，明智光秀をたおし，大阪城を築いて，政治の拠点としました。その後，朝廷から関白に任命され，天下統一を達成しました。

　秀吉は全国で検地を行い，田畑の広さや耕作者などを調べました。また，刀狩令を出して，百姓たちから刀や鉄砲などの武器を取り上げました。検地と刀狩により，武士と百姓・町人の身分の区別が明確になりました。

↑大阪城

↑豊臣秀吉

大きくて，豪華な城をつくったんだね！

　秀吉は，中国（明）を征服しようと，2度にわたり朝鮮に大軍を送りましたが，失敗に終わりました。

ステップ2　れんしゅうしよう！

1 次の(1)，(2)にあてはまる人物名を書きましょう。

(1) 大阪に城を築いて，朝廷から関白に任命され，天下統一を達成した。

（　　　　　　　）

(2) 足利氏の将軍を追放して室町幕府をほろぼし，長篠の戦いで勝利した。

（　　　　　　　）

2　次の(1)～(4)にあてはまるものを，ア～エから選び，記号で答えましょう。

(1)　織田信長が，安土の城下町で行った，市場の税や関所をなくし，だれでも商売ができるようにした政策。

（　　　　　）

(2)　織田信長が，家来であった明智光秀におそわれ，自害した場所。

（　　　　　）

(3)　豊臣秀吉が行った，全国の田畑の広さや土地のよしあし，耕作者などを調べた政策。

（　　　　　）

(4)　豊臣秀吉が，中国（明）を征服しようと，2度にわたり大軍を送った国。

（　　　　　）

ア　検地　　イ　楽市・楽座
ウ　朝鮮　　エ　本能寺

注意！

ステップ3　やってみよう！

次の問いに答えましょう。

(1)　右の資料は，豊臣秀吉が出した法令です。この法令を何といいますか。漢字2字で書きましょう。

| | | 令 |

> 一　諸国の百姓が，刀，やり，鉄砲などの武器をもつことを，かたく禁止する。武器をたくわえ，年貢を出さず，一揆をくわだてて領主に反抗する者は，厳しく処罰される。
>
> （一部要約）

(2)　(1)の法令や検地などの政策によって，当時の身分はどのように変化しましたか。「武士」「百姓・町人」ということばを用いて，説明しましょう。

（　　　　　　　　　　　　　　　　　　　　　　　　　　　　　　　　　　）

37

答えは別さつ10ページ→

1 次の(1)～(4)の人物について述べた文を，ア～エから選び，記号で答えましょう。

(1)　平清盛
  （たいらのきよもり）　　（　　　　　　）

(2)　北条時宗
  （ほうじょうときむね）　　（　　　　　　）

(3)　足利義満
  （あしかがよしみつ）　　（　　　　　　）

(4)　織田信長
  （おだのぶなが）　　（　　　　　　）

ア　室町幕府３代将軍で，京都の北山に金閣を建てた。

イ　鎌倉幕府の執権で，元軍がせめてきたときに，御家人を指揮して対抗した。

ウ　長篠の戦いで大量の鉄砲を用いて，勝利した。

エ　武士として初めて太政大臣となり，厳島神社をまつった。

2 次の①，②の建築物について，あとの問いに答えましょう。

①銀閣（ぎんかく）　　　　　　②大阪城（おおさかじょう）

ガンバレ！

(1)　①，②を建てた人物名を，それぞれ書きましょう。

　　　　　　①（　　　　　　　）　②（　　　　　　　）

(2)　①が建てられたころに，雪舟（せっしゅう）によって大成されたものを，ア～エから選び，記号で答えましょう。

ア　寝殿造（しんでんづくり）　　イ　すみ絵（水墨画）（すいぼくが）　　ウ　かな文字　　エ　大和絵（やまとえ）

（　　　　　　）

(3)　②が建てられたころに行われていた，スペインやポルトガルとの貿易を何といいますか。

（　　　　　　）

3 次の年表を見て，あとの問いに答えましょう。

年代	おもなできごと
1192	（　①　）が征夷大将軍に任命される
	↕あ
1368	足利義満が征夷大将軍に任命される
1549	（　②　）がキリスト教を日本に伝える
1573	③織田信長が室町幕府をほろぼす
1592・1597	朝鮮に大軍が送られる ……………………… い

確認しよう

(1) 年表中の（　①　）と（　②　）にあてはまる人物名を書きましょう。

①（　　　　　　　　　　　　　）

②（　　　　　　　　　　　　　　　　）

(2) 年表中の**あ**の期間に起こったできごとを，ア〜ウから選び，記号で答えましょう。
　ア　壇ノ浦の戦いで，平氏がほろびた。
　イ　ポルトガル人が日本に鉄砲を伝えた。
　ウ　武士の裁判の基準となる法律（御成敗式目）が制定された。

（　　　　　）

(3) 年表中の③の人物が行ったことを，ア〜エから選び，記号で答えましょう。
　ア　刀狩令を出して，百姓から武器を取り上げた。
　イ　市場での税や関所をなくし，だれでも商売ができるようにした。
　ウ　全国の田畑の広さやよしあし，耕作者などを調査した。
　エ　国ごとに守護を，荘園ごとに地頭を設置した。

（　　　　　）

(4) 年表中の**い**について，朝鮮に大軍を送った目的は何ですか。簡単に説明しましょう。

（　　　　　　　　　　　　　　　　　　　　　　　　　）

答えは別さつ10ページ→

ステップ1 かくにんしよう！

1 江戸幕府の政治

関ヶ原の戦いに勝利した徳川家康は，1603 年，征夷大将軍に任命され，江戸（東京都）に幕府を開きました。

幕府は，全国の大名を親藩（徳川家の親せき），譜代（古くからの徳川家の家来），外様（関ヶ原の戦い後に従った大名）に分け，また，武家諸法度を定めて大名を取りしまりました。

3 代将軍徳川家光は，日光東照宮を建て直し，大名に1年おきに江戸と領地を往復させる参勤交代の制度を武家諸法度に追加しました。

2 人々のくらしと身分

人々の身分は，武士，百姓，町人（職人や商人）などに区別されました。百姓には，五人組というしくみをつくらせ，年貢（税）を納めさせました。江戸時代には，農具が改良され，農業技術が進歩しました。

> 一　城を新しく築いてはならない。修理する場合は届け出ること。
> 一　大名は将軍の許可なく，結婚してはならない。　（一部要約）

↑武家諸法度

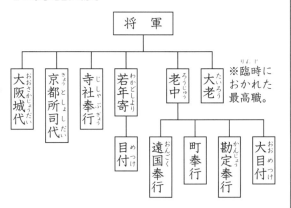

↑江戸幕府のしくみ

江戸時代の人口の大部分は，百姓がしめていたんだよ！

ステップ2 れんしゅうしよう！

1 次の(1)・(2)にあてはまることばを，{ }から選び，○で囲みましょう。

(1) 1603 年，徳川{ 家康・家光 }は，征夷大将軍に任命され，江戸幕府を開いた。

(2) { 御成敗式目・武家諸法度 }は，全国の大名を統制するために制定された。

② 次の問いに答えましょう。

⑴ 1600年に起こり，徳川家康が勝利した天下分け目の戦いを何といいますか。

（　　　　　　　　　　）

⑵ 武家諸法度に追加された，大名に1年おきに江戸と領地を往復させた制度を何といいますか。

（　　　　　　　　　　）

⑶ 右のグラフは，江戸時代の身分別の人口割合を示しています。グラフ中の**あ**にあてはまる身分を，ア～ウから選び，記号で答えましょう。

ア　武士　　イ　町人　　ウ　百姓

（　　　　　　　）

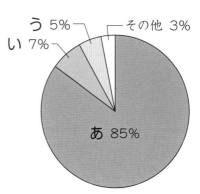

う 5%　　その他 3%
い 7%
あ 85%

（江戸時代の終わりごろ）

⑷ 江戸幕府が，百姓に年貢（税）を納めさせるためにつくらせたしくみを何といいますか。漢字3字で書きましょう。

![犬のキャラクター]

ステップ**3** やってみよう！

次の問いに答えましょう。

　右の地図は，江戸時代のおもな大名の配置を示しています。外様大名の領地はどのような場所に多いですか。「江戸」ということばを用いて，簡単に説明しましょう。

（

）

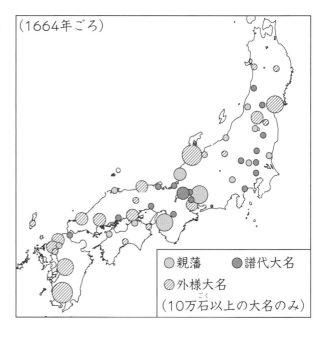

（1664年ごろ）

○親藩　●譜代大名
◎外様大名
（10万石以上の大名のみ）

ステップ1　かくにんしよう！

1 キリスト教の禁止と鎖国

　江戸幕府は，大名や商人に**朱印状**をあたえて，東南アジアの国々と貿易を行いました。東南アジア各地には，貿易の拠点として**日本町**がつくられました。

　しかし，国内のキリスト教の信者が増えると，信者の勢力が大きくなることをおそれた幕府は，**キリスト教**を禁止し，絵踏みなどによって，キリスト教徒ではないことを確かめました。

　九州で**島原・天草一揆**が起こると，**徳川家光**はキリスト教の信者に対する取りしまりをさらに強めました。また，貿易の相手国を**中国（清）とオランダ**に限り，貿易港も**長崎**に限定しました。この体制を**鎖国**といいます。

↑絵踏みに使われた像

↑長崎の出島

2 鎖国中の交流

○**朝鮮**…対馬藩を通して貿易が行われました。朝鮮からは，将軍の代がわりごとに**朝鮮通信使**が送られました。

○**琉球王国**（沖縄県）…薩摩藩を通して貿易が行われました。

○**蝦夷地**（北海道）…**アイヌ**の人々と，松前藩を通じて交易を行いました。

鎖国中も，一部の国との貿易は行われていたんだね。

ステップ2　れんしゅうしよう！

1 次の文の（　　）にあてはまることばを書きましょう。

(1) 江戸幕府から（　　　　　　　　　　）をあたえられた大名や商人は，東南アジアの国々と貿易を行った。

(2) オランダや中国（清）との貿易港は，（　　　　　　　　　）に限定された。

(3) 松前藩は，蝦夷地の（　　　　　　　　　）の人々と交易を行った。

2 次の問いに答えましょう。

(1) 江戸幕府が，信者の勢力が大きくなることをおそれて禁止した宗教は何ですか。

（　　　　　　　　）

(2) 徳川家光が政治を行っていたころ，九州で(1)の宗教の信者を中心に起こった一揆を何といいますか。

（　　　　　　　　）

(3) 右の，長崎につくられた出島で貿易を許された国を，ア～ウから選び，記号で答えましょう。
ア　スペイン　　イ　ポルトガル　　ウ　オランダ

（　　　　　）

(4) 将軍の代がわりごとに，朝鮮から送られた使者を何といいますか。

（　　　　　　　　）

(5) 琉球王国と貿易を行っていた藩を，ア～ウから選び，記号で答えましょう。
ア　薩摩藩　　イ　松前藩　　ウ　対馬藩

（　　　　　）

ステップ3　やってみよう！

次の問いに答えましょう。

右は，江戸時代に絵踏みに使われた像です。絵踏みを行った目的は何ですか。簡単に説明しましょう。

（

　　　　　　　　　　　　　　　　　　）

チャレンジ！

日本から最も遠い国はどれかな？
ア　中国　　イ　朝鮮　　ウ　オランダ　　エ　琉球王国

〔　　　　　〕

答えは別さつ11ページ→

㉑ 江戸時代の産業と文化

ステップ1　かくにんしよう！

1 産業の発達

○農業の発達…各地で新田の開発が進み，千歯(せんば)こきなどの新しい農具や肥料が広まって，農業生産が高まりました。

米の生産量が増えたよ！

↑千歯こき

○都市の発展…政治や経済の中心地として，江戸(えど)や大阪(おおさか)などの都市が発展しました。江戸は人口が100万人をこえる大都市になりました。大阪は「天下の台所」とよばれ，全国の産物が大阪で取り引きされました。

日光街道(にっこう)
中山道(なかせん)
京都
奥州街道(おうしゅう)
大阪
江戸
東海道　甲州街道(こうしゅう)
↑江戸時代のおもな街道

また，江戸と京都(きょうと)を結ぶ東海道(とうかいどう)などの，おもな街道(かいどう)が整備されました。

2 江戸時代の文化

江戸や大阪などを中心に，町人(ちょうにん)たちが，活気のある文化を生み出しました。

近松門左衛門(ちかまつもんざえもん)は歌舞伎(かぶき)や人形浄瑠璃(にんぎょうじょうる)の脚本(りきゃくほん)を書いて，人気を集めました。

絵画では浮世絵(うきよえ)が流行し，歌川広重(うたがわひろしげ)は，『東海道五十三次(とうかいどうごじゅうさんつぎ)』などの作品をえがきました。

↑『東海道五十三次』

↑歌舞伎役者の浮世絵

ステップ2　れんしゅうしよう！

① 次の文の（　　）にあてはまることばを書きましょう。

(1) 江戸時代，大阪は（　　　　　　　　　）とよばれ，全国からさまざまな産物が大阪に集まった。

(2) 歌川広重は，『東海道五十三次』などの（　　　　　　）をえがいた。

2 次の（　　　　）にあてはまることばを，ア～エから選び，記号で答えましょう。

(1) 江戸時代には，（　　　　　　　）など，さまざまな農具が改良された。

(2) 江戸時代には，江戸や大阪の（　　　　　　　）を中心に，文化が発達した。

(3) （　　　　　　　）は，歌舞伎や人形浄瑠璃などの脚本を書いて，

人気を集めた。

(4) 浮世絵師の（　　　　　　　）は，『東海道五十三次』などの作品を残した。

　　ア　歌川広重　　イ　近松門左衛門　　ウ　千歯こき　　エ　町人

ステップ3　やってみよう！

次の問いに答えましょう。

(1) 全国からさまざまな産物が集まり，
「天下の台所」とよばれていた都市
を，右の地図中の**ア～ウ**から選び，
記号で答えましょう。　（　　　　）

(2) 右の地図中の**あ**は，江戸と京都を結んだ街道です。この街道を何といいますか。
漢字3字で書きましょう。

チャレンジ！

江戸時代の人たちは，街道を通って旅行に行ったよ。旅行の目的は何かな？

ア　お寺や神社へのお参り

イ　おいしいご飯

ウ　温泉　　　　　　　　　　　　　　　　　　〔　　　　〕

45

答えは別さつ12ページ→

ステップ1 かくにんしよう！

1 蘭学

江戸時代中ごろ，オランダ語の書物を通じて，ヨーロッパの進んだ知識や技術を学ぶ蘭学がさかんになりました。

杉田玄白は，前野良沢らとともに，オランダ語で書かれた医学書を日本語に翻訳し，『解体新書』を出版しました。

天文学や測量術を学んだ伊能忠敬は，日本全国を測量しました。忠敬の死後，弟子たちが正確な日本地図を完成させました。

↑杉田玄白

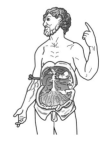
↑『解体新書』

現代の地図とほとんど変わらない正確な地図をつくったんだ！

↑伊能忠敬

2 国学

江戸時代中ごろ，『古事記』や『万葉集』から，仏教や儒教などが伝わる前の日本人の考え方を研究する国学がおこりました。国学を完成させた本居宣長は，『古事記』を研究し，『古事記伝』を書きました。

3 学問の広まり

江戸時代には百姓や町人の子どもたちが，『読み，書き，そろばん』とよばれた日常生活に必要な知識を学ぶ寺子屋が各地につくられました。

ステップ2 れんしゅうしよう！

① 次の(1)～(3)の人物はだれですか。ア～ウから選び，記号で答えましょう。

(1) 『古事記』を研究し，『古事記伝』を書いた。 （　　　）

(2) オランダ語の医学書を日本語に翻訳した。 （　　　）

(3) 正確な地図をつくるため，日本各地を測量した。 （　　　）

　ア　伊能忠敬　　イ　本居宣長　　ウ　杉田玄白

② 次の文の（　　　　）にあてはまることばを書きましょう。

(1) 江戸時代中ごろ、オランダ語の書物を通じて、ヨーロッパの進んだ知識や技術を学ぶ（　　　　　　　　　）がさかんになった。

(2) 杉田玄白や前野良沢らは、オランダ語の医学書を翻訳し、『（　　　　　　　　　　）』を出版した。

(3) （　　　　　　　　　）は、仏教や儒教などが伝わる前の日本人の考え方を研究する学問である。

(4) 本居宣長は『古事記』を研究し、『（　　　　　　　　　　　）』を書いた。

確認しよう

ステップ❸ やってみよう！

次の問いに答えましょう。

(1) 江戸時代に各地につくられ、百姓や町人の子どもたちが通った教育機関を何といいますか。

（　　　　　　　　　）

(2) (1)の教育機関で、子どもたちはどのようなことを学びましたか。簡単に説明しましょう。

（　　　　　　　　　　　　　　　　　　　　　　　　　　　　　　）

チャレンジ！

伊能忠敬が日本全国を測量するのにかかった年数はどれぐらいかな？
ア　約1年　　イ　約7年　　ウ　約10年　　エ　約17年

〔　　　　　〕

答えは別さつ12ページ→

ステップ1　かくにんしよう！

1　外国の接近

　ロシアやイギリス，アメリカ合衆国の船が来航するようになると，江戸幕府は外国の動きを警戒し，外国船を打ちはらうように命じました。また，この政策を批判した人を厳しくばっしました。

2　開国

　1853年，アメリカ合衆国の使節ペリーが浦賀（神奈川県）に現れ，幕府に開国するようせまりました。軍艦の武力をおそれた幕府は，1854年，日米和親条約を結んで国交を開き，開国しました。これにより，200年以上続いた鎖国が終わりました。

↑ペリー

↑日本人がえがいたペリー

ペリーを見たことがない日本人が，想像してえがいたんだって！

　1858年，アメリカ合衆国との間に日米修好通商条約を結び，貿易を開始しました。外国との貿易が始まると，国内の物価が上がり，人々の生活は苦しくなりました。

ステップ2　れんしゅうしよう！

① 次の問いに答えましょう。

(1) 1853年に，浦賀（神奈川県）に現れたアメリカ合衆国の使節はだれですか。

（　　　　　　　　　）

(2) 1854年に，日本がアメリカ合衆国と結んだ条約を何といいますか。

（　　　　　　　　　）

② 次の問いに答えましょう。

(1) 1853 年に来航したペリーは，どこの国の使節ですか。ア〜エから選び，記号で答えましょう。

ア ロシア　イ イギリス　ウ オランダ　エ アメリカ合衆国

（　　　　　）

(2) 右の地図中の**あ**は，1853 年にペリーが現れた場所です。**あ**の地名を書きましょう。

（　　　　　）

(3) 1858 年，日本がアメリカ合衆国と結び，貿易を開始した条約を何といいますか。

（　　　　　　　　　）

ステップ３ やってみよう！

次の問いに答えましょう。

(1) 鎖国が終わり，日本が開国したのはいつですか。右の年表中のア〜ウから選び，記号で答えましょう。

（　　　　　）

(2) 貿易が始まった後，日本の社会はどのように変化しましたか。簡単に説明しましょう。

年代	おもなできごと
1825	幕府が外国船の打ちはらいを命じる
	↕ ア
1853	ペリーが来航する
	↕ イ
1854	日米和親条約を結ぶ
	↕ ウ
1858	日米修好通商条約を結ぶ

（

　　　　　　　　　　　　　　　　　　　　）

答えは別さつ 13 ページ→

24 江戸時代の終わり

ステップ1　かくにんしよう！

1 一揆と打ちこわし

　大きなききんが発生すると，農村では百姓が一揆を，都市では町人が打ちこわしを起こしました。1837年，大阪で，元幕府の役人であった大塩平八郎が，ききんに苦しむ人々を救おうとして，反乱を起こしました。

2 江戸時代の終わり

　薩摩藩（鹿児島県）では西郷隆盛や大久保利通らを，長州藩（山口県）では木戸孝允らを中心に，幕府をたおして新政府をつくろうという運動が高まりました。

　薩摩藩と長州藩は土佐藩（高知県）の坂本龍馬のよびかけで同盟を結び，幕府をたおそうと兵をあげました。

仲が悪い薩摩藩と長州藩を仲立ちしたよ。

↑坂本龍馬

　1867年，15代将軍徳川慶喜は，政権を朝廷に返上し，江戸幕府はほろびました。

　新政府は，1868年に五箇条の御誓文を定めて新しい政治の方針を示し，明治時代が始まりました。

一　政治のことは，会議を開き，みんなの意見を聞いて決めましょう。

一　みんなの心を合わせて，国の政治を行いましょう。　　（一部要約）

↑五箇条の御誓文

ステップ2　れんしゅうしよう！

1　次の（　　　　）にあてはまる人物名を書きましょう。

(1) 1837年，元幕府の役人であった（　　　　　　　　　　）は，人々を救うために大阪で反乱を起こした。

(2) （　　　　　　　　　　）は，薩摩藩と長州藩を仲立ちして，同盟を結ばせた。

(3) 1867年，将軍（　　　　　　　　　　）は，朝廷に政権を返上した。

2　次の（　　　　）にあてはまることばを，ア～オから選び，記号で答えましょう。

(1)　人々の生活が苦しくなると，農村では（　　　　　　）が，都市では

　（　　　　　　）が起こった。

(2)　（　　　　　　）藩では西郷隆盛や大久保利通らを，（　　　　　　）藩では木戸

　孝允らを中心として，幕府をたおして新政府をつくろうという運動が高まった。

(3)　江戸幕府がほろびると，新政府は，（　　　　　　）を定めて，新しい政治の方

　針を示した。

　　ア　長州　　　　　イ　薩摩　　　　　　ウ　一揆
　　エ　打ちこわし　　オ　五箇条の御誓文

ステップ3　やってみよう！

次の問いに答えましょう。

(1)　1837年，大塩平八郎が反乱を起こした都市を，ア～エから選び，記号で答
えましょう。

　　ア　江戸　　イ　京都（きょうと）　　ウ　大阪　　エ　鹿児島

　　　　　　　　　　　　　　　　　　　　　　　　（　　　　　）

(2)　右の資料は，1868年に新政
府が定めた五箇条の御誓文です。
五箇条の御誓文にはどのような内
容が記されましたか。簡単（かんたん）に説明
しましょう。

| 一　政治のことは，会議を開き，みんなの意見を聞いて決めましょう。 |
| 一　みんなの心を合わせて，国の政治を行いましょう。　　（一部要約） |

　（　　　　　　　　　　　　　　　　　　　　　　　）

チャレンジ！

　坂本龍馬が日本で初めて行ったことは何かな？
　　ア　写真撮影（さつえい）　　イ　新婚旅行（しんこん）　　ウ　海外旅行　　〔　　　　〕

51

1 次の文の（　　　）にあてはまることばを書きましょう。

(1) 江戸幕府3代将軍の（　　　　　　　　　　　　　）は，武家諸法度に参勤交代の

制度を追加した。

(2) 江戸幕府は，外国との貿易を行う場所を制限し，外国からの情報を独占して，

（　　　　　　　　　　）とよばれる体制を完成させた。

(3) 江戸時代に大阪は（　　　　　　　　　　　　　　）とよばれた。

(4) 江戸時代には，人々のくらしや風景をえがいた（　　　　　　　　　　）が流行

し，歌川広重の『東海道五十三次』などが人気を集めた。

(5) 1853年，浦賀に（　　　　　　　　　　）が現れ，翌年，日米和

親条約を結んだ。

重要!!

2 『解体新書』について，次の問いに答えましょう。

(1) この書物は（　　）語で書かれた医学書を日本語に翻

訳したものです。（　　）にあてはまる国名を書きましょ

う。

（　　　　　　　　　　）語

(2) この書物の翻訳を行った人物の1人を，ア～エから選

び，記号で答えましょう。

ア　本居宣長　　イ　近松門左衛門

ウ　伊能忠敬　　エ　杉田玄白　　　（　　　　　　　）

3 次の年表を見て，あとの問いに答えましょう。

年代	おもなできごと
1600	（　①　）の戦いが起こる
1615	武家諸法度が制定される ……………………………………… あ
1790	『古事記伝』の出版が始まる ……………………………… い
1858	（　②　）条約を結ぶ
1867	15代将軍の（　③　）が政権を朝廷に返上する

(1) 年表中の（　①　）～（　③　）にあてはまることばを書きましょう。

①（　　　　　　　　　　）　②（　　　　　　　　　　　　　　　）

③（　　　　　　　　　　　　　　　）

(2) 年表中の**あ**について，武家諸法度の内容は，**ア・イ**のうちのどちらですか。記号で答えましょう。

ア

> 一　政治のことは，会議を開き，みんなの意見を聞いて決めましょう。
> 一　みんなの心を合わせて，国の政治を行いましょう。　（一部要約）

イ

> 一　城を新しく築いてはならない。修理する場合は届け出ること。
> 一　大名は将軍の許可なく，結婚してはならない。　（一部要約）

（　　　　　）

(3) 年表中の**い**について，『古事記』や『万葉集』から，仏教や儒教などが伝わる前の日本人の考え方を研究する学問を何といいますか。

（　　　　　）

(4) 江戸時代の様子について述べた文として適切なものを，**ア～エ**から選び，記号で答えましょう。

ア　武士は，将軍に奉公をちかい，戦いがあればかけつけた。
イ　仏教によって国を守ろうと，国分寺が建てられた。
ウ　百姓は五人組をつくり，年貢（税）として米を納めた。
エ　かな文字がつくられ，女性による文学作品が生まれた。

（　　　　　）

26 明治維新と文明開化

ステップ1　かくにんしよう！

1　明治維新

　明治時代になると，政治や社会が大きく変化しました。この変化を**明治維新**といいます。明治政府は，藩を廃止して新たに県や府を置き（**廃藩置県**），天皇中心の政治が全国に広まるようにしました。

↑富岡製糸場（群馬県）

明治政府は官営の工場をつくり，外国の知識や技術を取り入れたよ！

　明治政府は，欧米諸国に追いつくために，工業をさかんにして強い軍隊をもつこと（**富国強兵**）や，近代的な工業を始めること（**殖産興業**）をめざしました。**徴兵令**を出し，20才以上の男子に兵役を義務付け，**地租改正**を行って，国の収入を安定させました。

2　文明開化

　欧米の文化が取り入れられ，都市部を中心に人々の生活が欧米風に変化しました（**文明開化**）。また，江戸時代の身分制度は廃止され，すべての国民は平等であるとされました。

　福沢諭吉は，『学問のすゝめ』で人間の平等と学問の大切さを説きました。**学制**によって，6才以上のすべての男女が小学校に通うことが定められました。

↑福沢諭吉

ステップ2　れんしゅうしよう！

1　次の（　　　）にあてはまることばを書きましょう。

(1)　明治時代の政治や社会の変化を（　　　　　　　　　）という。

(2)　明治政府は，工業をさかんにし，強い軍隊をもつ（　　　　　　　　　　　）をめざした。

(3)　（　　　　　　　　　　）によって，人々の生活が欧米風に変化した。

② 次の文の（　　　）にあてはまることばを，あとの□□から選びましょう。

(1) 藩を廃止して，県や府を置く（　　　　　　　）によって，天皇中心

の政治を全国に広めようとした。

(2) 明治政府は，欧米諸国に追いつくため，（　　　　　　　）の

政策を行い，近代的な工業をめざした。

(3) 明治政府は，群馬県に官営の（　　　　　　　）をつくり，外国の

技術者を招いて，知識や技術を取り入れた。

(4) 徴兵令では，（　　　　　　　）才以上のすべての男子に，3年間軍隊に入る兵

役が義務付けられた。

(5) 明治政府は，（　　　　　　　）によって税のしくみを改めた。

(6) 学制によって，（　　　　　　　）才以上のすべての男女に，小学校に通うことが

義務付けられた。

6　　20　　殖産興業　　地租改正　　富岡製糸場　　廃藩置県

ステップ③　やってみよう！

次の問いに答えましょう。

(1) 右の人物は，『学問のすゝめ』を書き，人間の平等と学問

の大切さを説きました。この人物はだれですか。ア～エから

選び，記号で答えましょう。

ア　大久保利通　　イ　木戸孝允

ウ　西郷隆盛　　　エ　福沢諭吉　　　　　（　　　　　）

(2) 明治政府は，1873年に地租改正を実施しました。地租改正を行った目的は

何ですか。「収入」ということばを用いて，簡単に説明しましょう。

（　　　　　　　　　　　　　　　　　　　　　　　　　　　　　　　）

ステップ1　かくにんしよう！

1 自由民権運動

　明治政府の改革に不満をもった士族は，各地で反乱を起こしましたが，西郷隆盛を中心とする西南戦争がしずめられた後は，武力ではなく，言論で主張するようになりました。

　板垣退助らは，国会の開設と国民の政治参加を求めて，自由民権運動を始めました。政府は自由民権運動を厳しく取りしまりましたが，運動はますますはげしくなり，1881年，政府は国会の開設を国民に約束しました。

　国会の開設に備え，板垣退助は自由党，大隈重信は立憲改進党という政党をつくりました。

↑西郷隆盛

↑板垣退助　↑大隈重信

2 大日本帝国憲法

　伊藤博文は，皇帝の権力が強いドイツの憲法を参考に憲法を作成しました。また，内閣のしくみをつくり，初代の内閣総理大臣となりました。1889年，天皇が国を治める主権をもつ大日本帝国憲法が発布されると，1890年には，初めての選挙が行われ，第1回の国会が開かれました。

　国会は貴族院と衆議院からなり，衆議院議員だけが国民による選挙で選ばれました。選挙権をもつのは，一定の税金を納めた25才以上の男子だけでした。

> 選挙に参加できたのは，国民の約1.1%だけだったよ。

ステップ2　れんしゅうしよう！

1　次の(1)～(3)の人物について述べた文を，ア～ウから選び，記号で答えましょう。

(1) 西郷隆盛（　　　）　(2) 伊藤博文（　　　）　(3) 板垣退助（　　　）

　ア　初代の内閣総理大臣となった。

　イ　自由民権運動を始め，自由党をつくった。

　ウ　政府に不満をもつ士族を率いて，西南戦争を起こした。

2 次の文の（　　　）にあてはまることばを書きましょう。

(1)　西郷隆盛を中心とする士族が（　　　　　　　　　　　　）を

起こした。

(2)　板垣退助は，国会の開設と国民の政治参加を求めて，

（　　　　　　　　　　　　　）を始めた。

(3)　国会の開設に備えて，板垣退助は（　　　　　　　　　）をつくった。

(4)　1889 年，天皇が主権をもつ（　　　　　　　　　　　　　）が発布さ

れた。

(5)　伊藤博文は，（　　　　　　　　）のしくみをつくり，初代内閣総理大臣に就いた。

(6)　1890 年に開かれた国会は，（　　　　　　　　　　　）と貴族院の二院からなる。

ステップ3　やってみよう！

次の問いに答えましょう。

(1)　皇帝の権力が強い憲法だったことから，伊藤博文が憲法を制定するときに参考
にしたのは，どの国の憲法ですか。ア～エから選び，記号で答えなさい。
　　ア　ドイツ　　イ　フランス　　ウ　イギリス　　エ　オランダ
（　　　　　）

(2)　1890 年，国会を開くために，国民による選挙で議員が選ばれたのは，衆議
院と貴族院のどちらですか。
（　　　　　　　）

(3)　(2)の選挙で選挙権をもっていたのはどのような人でしたか。「税金」「才」とい
うことばを用いて，簡単に説明しましょう。
（　　　　　　　　　　　　　　　　　　　　　　　　　　　　　　）

28 不平等条約の改正

ステップ1　かくにんしよう！

1 鹿鳴館とノルマントン号事件

　明治政府は，欧米諸国と対等な関係を築くために，**不平等条約**（修好通商条約）を改正しようと考えました。そこで，使節団を送ったり，**鹿鳴館**を建てて舞踏会を開いたりして交渉を続けましたが，日本の近代化のおくれなどを理由に，条約の改正は実現しませんでした。

　1886年，イギリスの**ノルマントン号**が和歌山県沖でちんぼつし，日本人の乗客が全員なくなりました。この事件をきっかけに，不平等条約の改正を求める国民の声が高まりました。

> イギリス人の船長は軽いばつを受けただけだったよ。

2 不平等条約の改正

○**領事裁判権**…外国人が日本で罪をおかした場合，外国人の国の法律・裁判所（領事館）でさばく権利を認めていました。

→1894年，外務大臣の**陸奥宗光**が，イギリスと条約を改正し，領事裁判権をなくすことに成功しました。

○**関税自主権**…日本は，輸入品に自由に税をかける権利がありませんでした。

→1911年，外務大臣の**小村寿太郎**が，関税自主権の回復に成功しました。

↑陸奥宗光

不平等条約の改正により，日本は欧米諸国と対等な立場でつき合えるようになりました。

ステップ2　れんしゅうしよう！

① 次の（　　　）にあてはまることばを書きましょう。

(1) 陸奥宗光は，外国人が罪をおかした場合に，外国人の国の法律・裁判所（領事館）でさばく（　　　　　　　　　　　　）をなくすことに成功しました。

(2) 小村寿太郎は，輸入品に自由に税をかける（　　　　　　　　　　　　）の回復に成功しました。

2 次の（　　　）にあてはまることばを，ア～エから選び，記号で答えましょう。

(1) 明治政府は，欧米諸国に日本の近代化を伝えようと，（　　　　）を建てて舞踏会を開いたが，うまくいかなかった。

(2) 日本では，（　　　　）事件をきっかけに，不平等条約の改正を求める国民の声が高まった。

(3) （　　　　）は，領事裁判権をなくすことに成功した。

(4) （　　　　）は，関税自主権の回復に成功した。

　ア　陸奥宗光　　イ　小村寿太郎　　ウ　ノルマントン号　　エ　鹿鳴館

ステップ3　やってみよう！

次の問いに答えましょう。

(1) 江戸時代末，日本が外国と結んだ条約は不平等条約とよばれ，不平等な内容がふくまれていました。この条約は，ア，イのうちのどちらですか。
　ア　日米和親条約　　イ　日米修好通商条約
　　　　　　　　　　　　　　　　　　　　　　　（　　　　　）

(2) 明治政府が，欧米諸国との不平等条約の改正をめざした目的は何ですか。「欧米諸国」ということばを用いて，簡単に説明しましょう。

（　　　　　　　　　　　　　　　　　　　　　　　　　　　　）

チャレンジ！

イギリスの国旗はどれかな？

　　ア　　　　　　　　イ　　　　　　　ウ

〔　　　　　〕

ステップ1　かくにんしよう！

1 日清戦争

日本と中国（清）は朝鮮をめぐって対立し，1894年，朝鮮で起こった内乱をきっかけに，**日清戦争**が起こりました。勝利した日本は，清から**台湾**などの領土や賠償金をかく得しました。しかし，**ロシア**は，日本の動きを警戒し，日本に，日清戦争で日本が得た領土の一部を清へ返させました。

2 日露戦争

日本はロシアと対立し，1904年に起こった**日露戦争**で，日本は多くの戦死者を出しながらも，**東郷平八郎**などの活やくにより勝利しました。日本は樺太（サハリン）の南部や満州の鉄道などをかく得しました。

与謝野晶子は，「君死にたまふことなかれ」という詩を発表して，戦争に反対する気持ちを表したよ。

日露戦争後，日本は朝鮮（韓国）に対する支配を強め，1910年に朝鮮（韓国）を併合して**植民地**としました。朝鮮（韓国）では，日本語で教育が行われました。

日本の領土の移り変わり

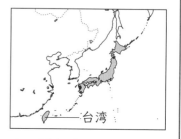

台湾

↑日清戦争後

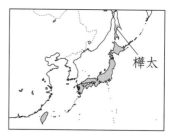

樺太

↑日露戦争後

朝鮮（韓国）

↑韓国併合後

ステップ2　れんしゅうしよう！

1　次の(1)，(2)にあてはまることばを，{ }から選び，○で囲みましょう。

(1)　日本と中国（清）は，{ 朝鮮・台湾 }をめぐって対立し，1894年には，日清戦争が起こった。

(2)　日本は，1904年に{ アメリカ・ロシア }と戦争を始め，多くの戦死者を出しながらも，勝利した。

② 次の問いに答えましょう。

(1) 1894年，朝鮮での内乱をきっかけに起こった日本と中国との戦争を何といいますか。

（　　　　　　　　　）

(2) (1)の戦争で日本がかく得した領土を，ア～ウから選び，記号で答えましょう。

ア　朝鮮　　イ　台湾　　ウ　ロシア

（　　　　　　　　　）

(3) 日露戦争中に，日本海の海戦などで活やくした人物を，ア～ウから選び，記号で答えましょう。

ア　東郷平八郎　　イ　伊藤博文　　ウ　大久保利通

（　　　　　　　　　）

(4) 右の写真は，日露戦争のころ，「君死にたまふことなかれ」という詩を発表して，戦争に反対した人物です。この人物の名前を書きましょう。

（　　　　　　　　　）

ステップ3 やってみよう！

次の問いに答えましょう。

(1) 日清戦争後，日本が得た領土の一部を，清へ返させた国はどこですか。ア～ウから選び，記号で答えましょう。

ア　朝鮮（韓国）　　イ　アメリカ　　ウ　ロシア

（　　　　　　　　　）

(2) 次のあ～うは，日本の領土を示しています。年代の古い順に並べかえ，記号で答えましょう。

あ	い	う
	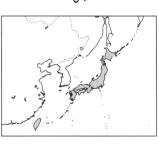	

（　　　→　　　→　　　）

答えは別さつ16ページ→

学習した日

月　日

ステップ1　かくにんしよう！

1　産業の発展

　明治時代には，綿糸をつくる紡績業や，生糸をつくる製糸業が発展し，各地に工場がつくられました。明治時代後半には，生糸が重要な輸出品となりました。

	綿糸		綿織物　4.5	
生糸 28.4%	9.9		その他　50.0	

絹織物　7.2

(1910年)　　　　　　　　　　　　　（日本貿易精覧）

↑日本の輸出品（明治時代末期）

2　世界で活やくする日本

　医学の分野では，北里柴三郎が，破傷風という伝染病の治療法を発見しました。また，志賀潔は赤痢菌の治療法を発見し，野口英世はアフリカのガーナで黄熱病を研究しました。

　1920年に，世界平和を築くために設立された国際連盟では，新渡戸稲造が事務局次長を務めました。条約改正や医学などの発展によって，日本の国際的地位が向上しました。

↑新渡戸稲造

3　新しい文学

　社会のありのままのようすが文学作品に表現されるようになり，多くの小説や詩，短歌・俳句などが発表されました。

	作者
小説	夏目漱石
	樋口一葉
俳句	正岡子規

↑明治時代の文学

夏目漱石は，「坊っちゃん」や「こころ」などの作品を書いたよ。

ステップ2　れんしゅうしよう！

① 次の(1)～(3)の人物はだれですか。ア～ウから選び，記号で答えましょう。

(1)　「坊っちゃん」や「こころ」などの小説を書いた。　　（　　　　　）

(2)　破傷風の治療法を発見した。　　（　　　　　）

(3)　アフリカのガーナで黄熱病の研究をした。　　（　　　　　）

　ア　夏目漱石　　イ　野口英世　　ウ　北里柴三郎

② 次の文の（　　　　）にあてはまることばを，あとの□□□から選びましょう。

(1) 明治時代には，綿糸をつくる紡績業や，生糸をつくる（　　　　　　　）が発達した。

(2) 野口英世は，アフリカのガーナで（　　　　　　　　　）を研究した。

(3) 新渡戸稲造は，世界平和を築くためにつくられた（　　　　　　　　）で事務局次長を務めた。

(4) （　　　　　　　　　）は，「柿くえば　鐘がなるなり　法隆寺」などの俳句をよんだ。

国際連盟　　黄熱病　　製糸業　　正岡子規

ステップ❸　やってみよう！

次の問いに答えましょう。

右のグラフは，1910年の日本のおもな輸出品を示しています。グラフ中の□□□にあてはまるものを，ア〜エから選び，記号で答えましょう。

ア　石油　　イ　緑茶
ウ　機械類　　エ　生糸

綿糸　　綿織物　4.5

| | 28.4% | 9.9 | | その他　50.0 |

絹織物　7.2

（1910年）　　　　　　　　　　　　　　（日本貿易精覧）

（　　　　　）

チャレンジ！

千円札と五千円札にえがかれたことのある人物を，それぞれ2人ずつ選ぼう。

ア　野口英世　　イ　新渡戸稲造　　ウ　夏目漱石　　エ　樋口一葉

←夏目漱石

千円札　〔　　　　　〕〔　　　　　〕

五千円札　〔　　　　　〕〔　　　　　〕

63

答えは別さつ16ページ→

ステップ1　かくにんしよう！

1 社会の変化

現在の福岡県北九州市に**八幡製鉄所**がつくられ，重工業が発達しました。産業が発達するにつれて，**公害**や長時間労働などの社会問題が発生するようになり，栃木県では，**田中正造**が足尾銅山で起こった公害を解決しようとしました。

1923年，**関東大震災**が起こり，東京や横浜などで大きな被害が出ました。

また，大正時代には，**ラジオ**放送が始まり，電車やバスなどの交通網が整備されました。他にも洋服が広まるなど，生活のようすが変化しました。

↑昔のラジオ

2 民主主義の高まり

生活が豊かになり教育が広まると，**民主主義**への意識が高まり，**普通選挙**を求める運動が起こりました。そして，1925年には，25才以上のすべての男子に，衆議院議員選挙の選挙権が認められました。

> まだ，女性には選挙権が認められていなかったんだね。

都市で働く女性が増えると，**平塚らいてう**や市川房枝を中心に，男性よりも低くみられていた，女性の地位の向上をめざす運動が始まりました。

江戸時代の身分制度が廃止されたあとも不当な差別に苦しめられていた人々は，**全国水平社**をつくり，差別をなくす運動を進めました。

ステップ2　れんしゅうしよう！

1 次の(1), (2)の人物名を書きましょう。

(1) 栃木県の足尾銅山で起こった公害を解決しようとした。

（　　　　　　　　　　）

(2) 市川房枝らとともに，女性の地位の向上をめざす運動を行った。

（　　　　　　　　　　）

② 次の文の（　　　）にあてはまることばを、ア〜エから選び、記号で答えましょう。

(1) 現在の福岡県北九州市に（　　　　　）がつくられ、やがて重工業が発達した。

(2) 1923年、（　　　　　）が起こり、東京や横浜などで大きな被害が出た。

(3) 大正時代には、（　　　　　）放送が始まり、電車やバスなどの交通網が整備されるなど、社会のようすが変化した。

(4) 江戸時代の身分制度が廃止されたあとも差別に苦しめられていた人々が

（　　　　　）をつくり、差別をなくす運動を行った。

ア　関東大震災　　イ　ラジオ
ウ　全国水平社　　エ　八幡製鉄所

ステップ❸　やってみよう！

次の問いに答えましょう。

右のグラフを見て、次の文の｜　　　｜にあてはまる
内容を、簡単に書きましょう。

1925年に、｜　　　｜に選挙権が認められたため、1928年に行われた選挙では、選挙権をもつ人が、大はばに増えた。

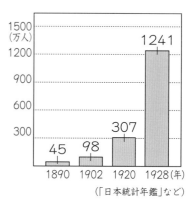

↑選挙権をもつ人の数の
移り変わり

（　　　　　　　　　　　　　　　　）

チャレンジ！

チャ太郎は、昔の日本の生活のようすを調べているよ。1930年に日本で初めてつくられた右の家電は何かな？
ア　食器洗い機　　イ　洗濯機
ウ　そうじ機　　　エ　もちつき機

〔　　　〕

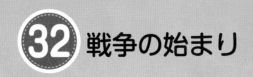

32 戦争の始まり

ステップ1　かくにんしよう！

1 中国との戦争

　昭和時代初め，世界中が**不景気**になり，人々の生活が苦しくなりました。日本は中国に勢力をのばし，資源を手に入れるなどして，景気を回復しようとしました。

　1931年，日本軍は中国軍を攻撃して**満州**（中国東北部）を占領し（**満州事変**），日本は**満州国**を建国しました。しかし，**国際連盟**が満州国を認めなかったため，1933年，日本は国際連盟を脱退しました。

　1937年，ペキン（北京）郊外で日本軍と中国軍がしょうとつすると，**日中戦争**が始まりました。

日本は，満州事変から約15年間，戦争を続けたよ。

2 太平洋戦争の始まり

　1939年，ドイツが周囲の国へせめこみ，イギリスやフランスと戦争を始めました（第二次世界大戦）。1940年，日本は，石油などの資源を求めて東南アジアへ進出し，また，ドイツ，イタリアと同盟を結びました。これにより，イギリスやアメリカと対立しました。

　1941年，日本がハワイのアメリカ軍港とマレー半島のイギリス領を攻撃し，太平洋戦争が始まりました。

←日本軍の攻撃
○日本軍が最も進出した地域

ハワイ

マレー半島

⬆日本が進出した地域

ステップ2　れんしゅうしよう！

1　次の文の（　　　）にあてはまることばを書きましょう。

(1) 1937年，日本と中国が対立し（　　　　　　　　　　）が始まった。

(2) 1939年，ドイツが周囲の国へせめこみ，（　　　　　　　　　　）が始まった。

2 次の問いに答えましょう。

(1) 1931 年，日本軍が中国軍を攻撃し，右の
地図中の**あ**の地域を占領しました。このできご
とを何といいますか。

（　　　　　　　　　）

(2) 日本が，**あ**の地域に建国した国を何といいま
すか。

（　　　　　　　　　）

(3) 1940 年，日本と同盟を結んだ国を，**ア～エ**から2つ選び，記号で答えましょう。
ア ロシア　**イ** アメリカ　**ウ** ドイツ　**エ** イタリア

（　　　　　）（　　　　　）

(4) 1941 年，日本がハワイのアメリカ軍港やマレー半島のイギリス領をせめて
始まった戦争を何といいますか。

（　　　　　　　　　）

ステップ3　やってみよう！

次の問いに答えましょう。

(1) 国際連盟に満州国が認められなかった日本が，その後とった行動を，簡単（かんたん）に説
明しましょう。

（　　　　　　　　　　　　　　　　　　　　　　　）

(2) 1940 年から，日本が東南アジアへ進出を始めた目的は何ですか。**ア～ウ**か
ら選び，記号で答えましょう。

ア 石油などの資源を手に入れるため。

イ 不平等条約を改正するため。

ウ 天皇（てんのう）を中心とした国をつくるため。　　　　（　　　　　）

(3) 次の**ア～ウ**のできごとを，年代の古い順に並（なら）べかえましょう。

ア 太平洋戦争が起こる。

イ 満州事変が起こる。

ウ 日中戦争が起こる。　　　　（　　　→　　　→　　　）

67

答えは別さつ 17 ページ→

ステップ1 かくにんしよう！

1 戦争中のくらし

　長引く戦争で物資が不足すると，国民が一丸となって戦争に協力する体制となりました。米などの食料や衣料品などは配給制となり，生活に必要なものを自由に買うことができなくなりました。また，労働力が不足し，中学生や女学生が工場などで働きました。

　1944年には，空襲がはげしくなり，東京や大阪などの都市が焼け野原になりました。空襲をさけるために，都市部の子どもたちは地方へ疎開しました。

↑空襲の被害を受けた都市

2 日本の敗戦

　1945年4月，沖縄の本島にアメリカ軍が上陸を始めると，攻撃がはげしくなり，多くの住民が亡くなりました。8月6日には広島，8月9日には長崎に，原子爆弾が投下され，何十万人もの人が亡くなりました。また，ソビエト連邦（ソ連）が満州や樺太南部，千島列島へせめこんできました。

　日本は降伏し，1945年8月15日，昭和天皇がラジオ放送を通じて，国民に戦争が終わったことを伝えました。

↑原爆ドーム

日本が植民地にしていた台湾や朝鮮などの支配も終わったよ。

ステップ2 れんしゅうしよう！

1 次の文の（　　）にあてはまることばを書きましょう。

⑴　1945年4月，アメリカ軍が（　　　　　　　　　）の本島に上陸した。

⑵　1945年8月6日に（　　　　　　　），8月9日に（　　　　　　　　　）へ，

原子爆弾が落とされた。

② 次の文の（　　　　　）にあてはまることばを，ア〜オから選び，記号で答えましょう。

(1) 戦争中にはさまざまなものが不足し，米などの食料や衣料品などは

　　（　　　　　）となった。

(2) 空襲がはげしくなると，都市部の子どもたちは地方へ（　　　　　）した。

(3) 1945 年 8 月 6 日，広島に世界で初めて（　　　　　）が落とされた。

(4) 1945 年 8 月，（　　　　　）が満州や樺太南部，千島列島にせめこんだ。

　　ア　ソビエト連邦　　イ　アメリカ　　ウ　配給制
　　エ　原子爆弾　　　　オ　疎開

ステップ③　やってみよう！

次の問いに答えましょう。

(1) 1945 年 8 月 6 日に原子爆弾が投下
　　された都市を，右の地図中のア〜エから
　　1 つ選び，記号で答えましょう。

　　　　　　　（　　　　　　）

(2) 昭和天皇によって，国民に戦争が終
　　わったことが伝えられたのは，1945
　　年の何月何日ですか。

　　　　（　　　月　　　日　　　）

チャレンジ！

　チャ太郎は，昔は外国の名前を漢字で書いていたことを知ったよ。アメリカを
漢字で書くと，どのように表されるかな？
ア　伊太利亜　　イ　仏蘭西　　ウ　亜米利加　　〔　　　　　〕

㉞ 戦後の民主化政策

ステップ1　かくにんしよう！

1　日本の民主化

　戦後，日本はアメリカなどの連合国軍に占領され，民主主義にもとづいた戦後改革が行われました。

　1946年11月3日，国民主権，平和主義，基本的人権の尊重を3つの原則とする日本国憲法が公布され，翌年の5月3日から施行されました。

> ・軍隊を解散した。
> ・女性の参政権が認められた。
> ・ほとんどの農民が自分の土地をもてるようになった。
> ・義務教育が小学校6年間，中学校3年間になった。

　↑おもな戦後改革

2　日本の国際社会への復帰

　戦後，世界平和を守るために，国際連合がつくられました。しかし，世界では，アメリカとソ連が対立するようになりました（冷たい戦争）。朝鮮では，アメリカが韓国を，ソ連が北朝鮮を支援して，1950年に朝鮮戦争が起こりました。

　1951年，日本は48か国とサンフランシスコ平和条約を結び，独立しましたが，沖縄などはアメリカに占領されたままでした。また，同じ日に日米安全保障条約が結ばれました。

> 日米安全保障条約で，アメリカ軍を日本におくことが決められたよ。

　1956年，日本は国際連合への加盟を認められ，国際社会に復帰しました。

ステップ2　れんしゅうしよう！

1　次の文の（　　　）にあてはまることばを，ア〜ウから選び，記号で答えましょう。

(1)　戦後，世界平和を守るために，（　　　　　　　）がつくられた。

(2)　アメリカとソ連が対立し，1950年，（　　　　　　　）が起こった。

(3)　日本は48か国と（　　　　　　　）を結んで，独立した。

　ア　朝鮮戦争　　イ　サンフランシスコ平和条約　　ウ　国際連合

2 次の文の（　　　　）にあてはまることばを書きましょう。

(1) 戦後改革において，女性に（　　　　　　　　　　）が認められ，女性の国会議

員が誕生した。

(2) 1946年11月3日，（　　　　　　　　　　　）が公布され，翌年の5

月3日から施行された。

(3) 1951年，サンフランシスコ平和条約が結ばれ，同じ日に日本はアメリカと

（　　　　　　　　　　　　　　　　）を結んだ。

ステップ**3**　やってみよう！

次の問いに答えましょう。

(1) 日本の戦後改革の内容としてまちがっているものを，ア〜エから選び，記号で

答えましょう。

　　ア　軍隊がつくられた。

　　イ　義務教育が9年間になった。

　　ウ　女性が選挙に参加できるようになった。

　　エ　ほとんどの農民が自分の土地をもてるようになった。　　（　　　　　）

Check!

(2) 日本国憲法が公布された年月日を答えましょう。

（　　　　　　年　　　　月　　　　日）

(3) 朝鮮戦争において，韓国と北朝鮮を支援した国を，それぞれ書きましょう。

韓国（　　　　　　　　　）　　北朝鮮（　　　　　　　）

(4) 次の文中の　　　　にあてはまる内容を，簡単に書きましょう。

1956年，日本は　　　　を認められ，国際社会へ復帰した。

（　　　　　　　　　　　　　　　　　　　　　）

㉟ 日本の発展

ステップ1　かくにんしよう！

1 日本の発展

　1950年代中ごろから，日本は，経済が急速に発展し（高度経済成長），国民生活も豊かになりました。

　1964年には，東京でアジア初のオリンピック・パラリンピックが開かれました。また，東京－大阪間に東海道新幹線が開通し，高速道路などの交通網が整備されました。

　1972年，日本は中華人民共和国（中国）と国交を回復し，1978年には日中平和友好条約を結びました。

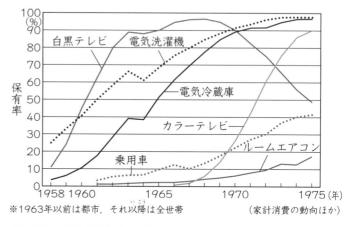

※1963年以前は都市，それ以降は全世帯
（家計消費の動向ほか）

↑電化製品のふきゅう

白黒テレビ，電気洗濯機，電気冷蔵庫は，三種の神器とよばれたよ。

2 日本の課題

　1972年，沖縄が日本に復帰しましたが，日本各地のアメリカ軍基地は残されたままです。また，ロシア連邦とは，北方領土の問題が解決していません。

　現在の日本は，少子高齢化が進み，人口が少しずつ減少しています。2011年3月11日には東日本大震災が発生するなど，大きな自然災害も発生しています。日本は，よりよい社会にするために，これらの課題の解決に取り組んでいます。

ステップ2　れんしゅうしよう！

① 次の文の（　　）にあてはまることばを書きましょう。

(1) 1964年，東京で（　　　　　　　　　）・パラリンピックが開かれた。

(2) ロシア連邦とは，（　　　　　　　　　）の問題が解決していない。

(3) 2011年3月11日，（　　　　　　　　　）が発生した。

2　次の問いに答えましょう。

(1)　1964年, 東京−大阪間で開通した新幹線を何といいますか。

（　　　　　　　　　　）新幹線

(2)　1978年に日本が平和友好条約を結んだ国を, ア～エから選び, 記号で答えましょう。

ア　アメリカ　イ　韓国　ウ　中国　エ　ソ連　　　（　　　　　）

(3)　アメリカに統治されていましたが, 1972年に日本へ返還されたのはどこですか。

（　　　　　）

(4)　現在, 北方領土を不法に占領している国を, 右の地図中のア～エから選び, 記号で答えましょう。

（　　　　　）

ステップ3　やってみよう！

次の問いに答えましょう。

次の文の　　　　にあてはまる内容を書きましょう。

1950年代中ごろから, 日本は　　　　高度経済成長となり, 産業が発達し, 国民の生活が豊かになった。

（　　　　　　　　　　　　　　　　　　　　　　　　　）

チャレンジ！

2025年には, 1970年に万国博覧会が開かれた都道府県で, 55年ぶりの万国博覧会が開かれる予定だよ。この都道府県はどこかな？

〔　　　　　〕

答えは別さつ19ページ→

36 かくにんテスト⑤

1 次の(1)〜(4)は，どの人物について述べた文ですか。ア〜エから選び，記号で答えましょう。

(1) 不平等条約を改正し，領事裁判権をなくすことに成功した。　　（　　　　）

(2) 足尾銅山で起こった公害を解決しようとした。　　（　　　　）

(3) ドイツの憲法を学び，のちに初代内閣総理大臣となった。　　（　　　　）

(4) 明治政府に不満をもつ士族らと西南戦争を起こした。　　（　　　　）

　　ア　西郷隆盛　　イ　陸奥宗光　　ウ　伊藤博文　　エ　田中正造

2 次の①〜③の文を読んで，あとの問いに答えましょう。

① 日本軍がハワイなどを攻撃して，太平洋戦争が始まった。
② 明治政府は，20才以上の男子に兵役を義務付けた。
③ 日本は，国際連盟を脱退した。

(1) ①について，次の文の（　　　　）にあてはまることばを書きましょう。

> 太平洋戦争末期の1945年8月6日，
> 広島に（　　　　）が落とされた。

　　　　　　　　　　（　　　　　　　　）

(2) ②について，1873年に下線部の内容を定めた法律を何といいますか。

　　　　　　　　　　（　　　　　　　　）

(3) ③について，国際連盟の発足時に，事務局次長を務めた人はだれですか。

　　　　　　　　　　（　　　　　　　　）

(4) ①〜③のできごとを，年代の古い順に並べかえましょう。

　　　　　　　（　　　　→　　　　→　　　　）

3 次の年表を見て，あとの問いに答えましょう。

年代	おもなできごと
1868	明治維新が始まる ……………………………… あ
	↕ ア
1904	日露戦争が起こる ……………………………… い
	↕ イ
1911	小村寿太郎が（ ① ）の回復に成功する
	↕ ウ
1931	満州事変が起こる ……………………………… う
1956	日本が（ ② ）に加盟する

(1) 年表中の（ ① ），（ ② ）にあてはまることばを書きましょう。

① (　　　　　　　　　　) ② (　　　　　　　　　　)

(2) 年表中の**あ**について，右の資料は，群馬県につくられた官営の工場です。この工場を何といいますか。

(　　　　　　　　　　)

(3) 年表中の**い**について，次の文の ☐ にあてはまる内容を，簡単に書きましょう。

> 日露戦争中，与謝野晶子は，「君死にたまふことなかれ」という詩を発表して， ☐ 気持ちを表した。

(　　　　　　　　　　　　　　　　　　　　　　　)

(4) 年表中の**う**について，日本が満州国を建国した場所を，右の地図中の**ア〜エ**から選び，記号で答えましょう。

(　　　　)

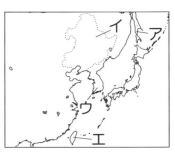

(5) 大日本帝国憲法が制定されたのはいつですか。年表中の**ア〜ウ**から選び，記号で答えましょう。

(　　　　)

答えは別さつ19ページ→

37 日本とつながりの深い国々①

学習した日

月　　　　日

ステップ1　かくにんしよう！

1　アメリカ合衆国（アメリカ）

○人口：約3.3億人（2019年）

○面積：約983万km²（2017年）

○首都：ワシントンD.C.

　さまざまな人種や民族がくらす**多文化社会**の国です。ジーンズやハンバーガーなどの文化は，世界中で親しまれています。

2　中華人民共和国（中国）

○人口：約14.3億人（2019年）

○面積：約960万km²（2017年）

○首都：ペキン

　一人っ子政策が行われ，人口増加をおさえようとしていました。古くから日本と交流があり，旧暦の正月（**春節**）には盛大なお祝いが行われます。また，**経済特区**では，外国企業は，税金や貿易などの面で優遇されています。中国は，日本最大の貿易相手国です。

日本からアメリカへの輸出

機械類 36.3%	自動車 29.2	自動車部品 6.0	その他 28.5

日本のアメリカからの輸入

機械類 28.1%	航空機類 5.3	科学光学機器 5.1	医薬品 5.1	その他 56.4

（2018年）　　　　　　（「日本国勢図会2019/20年版」）

↑日本とアメリカ合衆国の貿易

グローバル化が進み，世界中の国々がつながっているよ。

日本から中国への輸出

機械類 45.8%	自動車部品 5.5	科学光学機器 5.2	プラスチック 5.2	その他 38.3

日本の中国からの輸入

機械類 46.3%	衣類 10.1	金属製品 3.5	その他 40.1

（2018年）　　　　　　（「日本国勢図会2019/20年版」）

↑日本と中国の貿易

ステップ2　れんしゅうしよう！

1　次の(1)～(3)の文が，アメリカについて書かれていればア，中国について書かれていればイと答えましょう。

(1)　人口が14億人以上である。　　　　　　　　　　（　　　　　）

(2)　ジーンズなどの文化が世界中で親しまれている。　（　　　　　）

(3)　古くから日本と交流がある。　　　　　　　　　（　　　　　）

2 次の文の（　　　）にあてはまることばを書きましょう。

(1) アメリカ合衆国は，さまざまな人種や民族がくらす（　　　　　　　　　）社
会の国である。

(2) （　　　　　　　　　　　　）化が進み，世界中の国々がインターネットなど
を通じて世界各地とつながっている。

(3) 中国では，人口の増加をおさえるために，（　　　　　　　　　　）政策が
行われていた。

(4) 中国では，旧暦の正月である（　　　　　　　　）に，盛大なお祝いが行われる。

(5) 中国において，外国企業が集まる（　　　　　　　　　）では，税金や貿
易などの面で優遇される。

ステップ3　やってみよう！

次の問いに答えましょう。

(1) 右のグラフ中のあに共通してあて
はまるものを，ア〜エから選び，記
号で答えましょう。

ア　石油　　　　イ　肉類
ウ　機械類　　　エ　鉄鋼（てっこう）

（　　　　　　　）

(2) 日本の最大の貿易相手国は，アメ
リカと中国のどちらですか。国名を
書きましょう。

（　　　　　　　）

日本からアメリカへの輸出

あ 36.3%	自動車 29.2	自動車部品 6.0	その他 28.5

日本のアメリカからの輸入

あ 28.1%	航空機類 5.3	科学光学機器 5.1	医薬品 5.1	その他 56.4

日本から中国への輸出

あ 45.8%	自動車部品 5.5	科学光学機器 5.2	プラスチック 5.2	その他 38.3

日本の中国からの輸入

あ 46.3%	衣類 10.1	金属製品 3.5	その他 40.1

(2018年)　　　　　　（「日本国勢図会2019/20年版」）

学習した日　　月　　日

ステップ1　かくにんしよう！

1 大韓民国（韓国）

　日本の最も近くにある国の1つで，古くから交流があり，現在は多くの観光客が日本を訪れています。儒教の教えを重んじ，上下関係や伝統を大切にしています。伝統料理のキムチは，食事には欠かせません。韓国のインチョン国際空港は，ハブ空港として世界中の空港と結ばれています。

		石油製品	鉄鋼	
機械類 27.4%		15.3	9.5	その他　47.8

(2018年)　　　　　　　　　（「日本国勢図会2019/20年版」）

↑日本の韓国からの輸入品

	石油製品 2.5	その他
原油　92.4%		5.1

(2018年)　　　　　　　　　（「日本国勢図会2019/20年版」）

↑日本のサウジアラビアからの輸入品

	肉類	コーヒー	
鉄鉱石　42.1%	11.5	5.9	その他　40.5

(2018年)　　　　　　　　　（「日本国勢図会2019/20年版」）

↑日本のブラジルからの輸入品

2 サウジアラビア

　広大な砂漠の広がる国で，雨はほとんど降りません。国民の大部分がイスラム教を信仰し，コーランの教えを大切にしています。イスラム教徒は，1日5回，聖地メッカに向かっていのりをささげます。

それぞれの国から，どんなものを輸入しているかな？確認してみよう！

3 ブラジル

　日本から見て地球の反対側にある国で，アマゾン川の流域には広大な熱帯林が広がっています。明治時代以降に移住した日本人の子孫である日系の人々が多くくらしています。リオデジャネイロのカーニバルは，世界的に有名です。

ステップ2　れんしゅうしよう！

① 次の(1)〜(3)の文が，韓国について書かれていればア，サウジアラビアについて書かれていればイ，ブラジルについて書かれていればウと答えましょう。

(1) リオデジャネイロのカーニバルは世界的に有名である。　　（　　　　）

(2) 食事では，伝統料理であるキムチが食べられている。　　（　　　　）

(3) 広大な砂漠が広がり，雨がほとんど降らない。　　（　　　　）

2 次の文の（　　　）にあてはまることばを，あとの◻から選びましょう。

(1)　韓国のインチョン国際空港は，（　　　　　　　　　　　）として，世界中の

空港と結ばれている。

(2)　サウジアラビアでは，（　　　　　　　　　　　）を国の宗教_{しゅうきょう}としている。

(3)　ブラジルには，明治時代以降に移住した日本人の子孫である（　　　　　　　）

の人々が多くくらしている。

> イスラム教　　　日系　　　ハブ空港

ステップ3　やってみよう！

次の問いに答えましょう。

日本の韓国，サウジアラビア，ブラジルからの輸入品を示すグラフを，右のア〜ウからそれぞれ選び，記号で答えましょう。

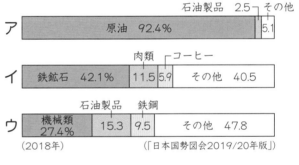

			石油製品 2.5 ┐ その他
ア	原油　92.4%		5.1

		肉類 ┌ コーヒー	
イ	鉄鉱石　42.1%	11.5　5.9	その他　40.5

	石油製品	鉄鋼	
ウ	機械類 27.4%	15.3　9.5	その他　47.8

(2018年)　　　　　　　　　（「日本国勢図会2019/20年版」）

韓国（　　　　）

サウジアラビア（　　　　）

ブラジル（　　　　）

チャレンジ！

チャ太郎は，世界の国々の文化について調べているよ。右の絵は，どの国の女性の伝統的な衣装_{いしょう}かな？

ア　韓国　　イ　サウジアラビア　　ウ　ブラジル

〔　　　　〕

答えは別さつ20ページ→

ステップ1　かくにんしよう！

1 国際連合

　国際連合（国連）は，世界の平和と安全を守るための国際組織で，世界のほとんどの国が加盟しています。国連は，世界各地の紛争をなくすことや，地球温暖化や砂漠化といった環境問題などに取り組んでいます。

　国連の機関の１つのユニセフ（国連児童基金）は，世界の子どもたちの命と健康を助けるために，食料援助や医療援助などを行っています。

（2019〜2021年）
（「日本国勢図会2019/20年版」）

↑国連分担金の国別割合

2 国際協力

　世界の国々は，未来にわたって豊かな生活とよりよい環境を両立する持続可能な社会をめざしています。2015年には，持続可能な開発目標（SDGs）が設定されました。

　各国の政府は，発展途上国に対して資金や技術を提供するODA（政府開発援助）を行っています。また，日本は，青年海外協力隊を派遣しています。ほかにも，国連や各国の政府から独立したNGO（非政府組織）が，さまざまな分野で活動をしています。

（2019年9月現在）
（青年海外協力隊資料）

↑青年海外協力隊の派遣先

世界の国々が協力することが大切だよ！

ステップ2　れんしゅうしよう！

1　次の文の（　　　）にあてはまることばを書きましょう。

(1) （　　　　　　　　　　　）は，世界のほとんどの国が加盟している，世界の

平和と安全を守るための国際組織である。

(2) 世界の国々は，未来にわたって豊かな生活とよりよい環境を両立する

（　　　　　　　　　　　）な社会の実現に向けて，国際協力を進めている。

2 次の問いに答えましょう。

(1) 次の①～④の説明として適切なものを，ア～エから選び，記号で答えましょう。

① ユニセフ （   ）   ② ＯＤＡ （   ）

③ ＮＧＯ （   ）   ④ ＳＤＧｓ （   ）

ア　発展途上国に対して資金や技術などを提供する，政府開発援助である。
イ　持続可能な社会を実現するために，2015年に設定された開発目標である。
ウ　国連や各国の政府から独立して活動を行う，非政府組織である。
エ　世界のめぐまれない子どもたちに，食料援助や医療援助を行っている。

(2) 次の資料について述べた文の（   ）にあてはまることばを書きましょう。

> 　日本は，ＯＤＡの活動の1つとして，世界各地に（   ）を派遣している。

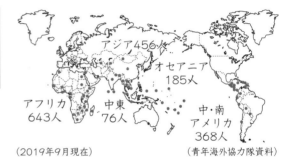

（2019年9月現在）　　　　　（青年海外協力隊資料）

（   ）

ステップ3　やってみよう！

次の問いに答えましょう。

　ユニセフの活動は，民間からの寄付金によって支えられています。右の資料は，100円の募金（ぼきん）によってできることをまとめたものです。資料を見て，ユニセフの活動の目的を，簡単（かんたん）に説明しましょう。

ポリオという病気から子どもたちを守るためのワクチン	6回分
重度の栄養不足からの回復に役立つ治療食（ちりょうしょく）	3ふくろ
水をきれいにする薬	250じょう

（ユニセフ手帳2019年版）

（　　　　　　　　　　　　　　　　　　　　　　　　　　　　　）

1 次の地図を見て，あとの問いに答えましょう。

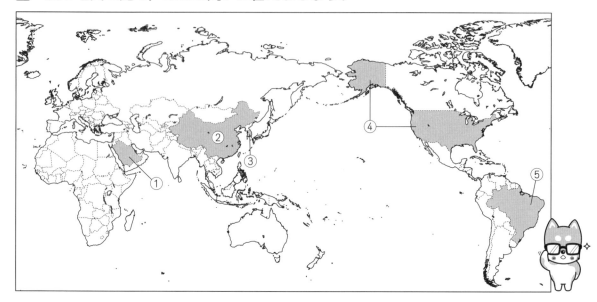

(1) 世界で人口が最も多い国を，地図中の①〜⑤から選び，番号で答えましょう。

（　　　　　）

(2) 地図中の④の国について述べた文を，**ア〜エ**から選び，記号で答えましょう。

　ア　国民の大部分がイスラム教を信仰し，コーランの教えを大切にしています。

　イ　伝統料理のキムチは，食事には欠かせません。

　ウ　明治時代以降に移住した日本人の子孫の日系の人々が多くくらしています。

　エ　さまざまな人種や民族がくらす多文化社会です。

（　　　　　）

(3) 地図中の⑤の国名を書きましょう。　　　　　　（　　　　　）

(4) 右のグラフは，地図中の①〜⑤の
いずれかの国からの日本のおもな輸
入品を示しています。どの国からの
輸入品ですか。①〜⑤から選び，番
号で答えましょう。

石油製品　2.5┐┌その他

原油　92.4%　　　　　　5.1

(2018年)　　　　　　（「日本国勢図会2019/20年版」）

（　　　　　）

2 次の問いに答えましょう。

(1) 右の資料は，世界中のほとん
どの国が加盟している国際組織
の方針をまとめたものです。こ
の国際組織を何といいますか。

（　　　　　　　　　）

・世界の平和と安全を守り，国どうしの争
いは，話し合いによって解決すること。
・すべての国は平等である。
・さまざまな問題を解決するために，各国
が協力する。　　　　　（一部要約）

(2) 右のグラフは，(1)の国際組織の分担金の割合を示
しています。グラフ中のあにあてはまる国を，ア〜
エから選び，記号で答えましょう。
ア　日本　　　　イ　韓国
ウ　フランス　　エ　オーストラリア

（　　　　　　）

その他
46.7
アメリカ
22.0%
中国
12.0
8.6
イギリス
4.6
6.1
ドイツ
あ
（2019〜2021年）
（「日本国勢図会2019/20年版」）

(3) 世界の国々は，未来にわたって豊かな生活とよりよい環境を両立する社会をめ
ざしています。このような社会を何といいますか。

（　　　　　　　　　　　　　　　　　）

(4) 民間からの募金をもとに，世界の子どもたちの命と健康を助けるために，食料
援助や医療援助などを行っている組織を何といいますか。ア〜エから選び，記号
で答えましょう。
ア　ＳＤＧｓ　　イ　ＯＤＡ　　ウ　ユニセフ　　エ　ＮＧＯ

（　　　　　　）

チャレンジ！

チャ太郎は，アメリカ合衆国の国旗の星が，ア
メリカ合衆国の州の数を表していることを知った
よ。いくつの星がえがかれているかな？
ア　30　イ　50　ウ　70

〔　　　　　　〕

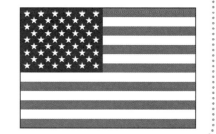

1 次の文章を読んで，あとの問いに答えましょう。

> 日本国憲法は，３つの原則にもとづいています。１つは，①国の政治のあり方を最終的に決定するのは国民であるということ，次に，②基本的人権を尊重すること，最後に，二度と戦争をしないことです。
>
> 国の政治は立法権をもつ③国会，行政権をもつ内閣，司法権をもつ裁判所が分担しています。また，地方の政治は，④各都道府県や市（区）町村が行います。⑤災害などが発生したときには，国や都道府県，市（区）町村などが，協力して復旧と復興を進めます。

(1) 下線部①の原則を何といいますか。漢字４字で書きましょう。

(2) 下線部②について，次の資料は国民の義務をまとめたものです。資料中の（　　　）にあてはまることばを書きましょう。

> ・仕事について働く義務
> ・（　　　）を納める義務
> ・子どもに教育を受けさせる義務

（　　　　　　　）

(3) 下線部③は，国民が選挙で選んだ国会議員で構成されています。日本では，現在，選挙権はどのような人に認められていますか。簡単に説明しましょう。

（　　　　　　　　　　　　　　　　　　　　　　　）

(4) 下線部④は，その地域だけのきまりを制定することができます。このようなきまりを何といいますか。

（　　　　　　　）

(5) 下線部⑤が起こったとき，都道府県の派遣要請や国の出動の命令を受けて，被災地や被災者の救助や支援活動を行うのは，ボランティアと自衛隊のどちらですか。

（　　　　　　　）

2 次のA～Dの文は，歴史上の人物について述べたものです。これを読んで，あとの問いに答えましょう。

A　能力のある人を役人に取り立てる（　①　）や十七条の憲法などを定めた。
B　武士として初めて太政大臣になり，中国（宋）と貿易を行った。
C　室町幕府の３代将軍で，京都の北山に（　②　）を建てた。
D　江戸幕府の３代将軍で，③参勤交代の制度を定めた。

(1)　文中の（　①　），（　②　）にあてはまることばを，ア～エから選び，記号で書きましょう。

ア　楽市・楽座　　イ　冠位十二階　　ウ　金閣　　エ　東大寺

①（　　　　　　）　②（　　　　　　）

(2)　A～Dは，どの人物について述べていますか。それぞれ名前を書きましょう。

A（　　　　　　　）　　B（　　　　　　　）

C（　　　　　　　）　　D（　　　　　　　）

注意！

(3)　文中の下線部③は，大名を取りしまるために制定された法律に追加されたものです。この法律を何といいますか。

（　　　　　　　　　）

3　右の２人の人物について，次の問いに答えましょう。

(1)　あの人物が日本に伝えた宗教は何ですか。

（　　　　　　　　　）

あ　　　　　い

(2)　いの人物は，どの国から送られてきた使者ですか。ア～ウから選び，記号で答えましょう。

ア　アメリカ合衆国　　イ　オランダ　　ウ　中国

（　　　　　）

(3)　いの人物が日本に求めたことを，簡単に説明しましょう。

（　　　　　　　　　　　　　　　　　　　　　）

1 各時代のおもなできごとをまとめた次の表を見て，あとの問いに答えましょう。

時代	おもなできごと
明治 （めいじ）	①新しい国づくりが始まる。日清戦争（にっしん）や②日露戦争（にちろ）が起こる。
大正 （たいしょう）	③民主主義への意識が高まり，さまざまな運動が起こる。
昭和 （しょうわ）	④15年にわたって戦争が行われる。戦後はさまざまな改革（かいかく）が行われ，⑤経済（けいざい）が発展（はってん）し，国民生活が豊かになる。

(1) 下線部①について，1868年から始まった，政治や社会の大きな変化を何といいますか。

（　　　　　　　　　　）

(2) 下線部②について，日露戦争後に日本が支配（しはい）権（けん）を強め，1910年に植民地とした地域（ちいき）を，右の地図中のア〜エから選び，記号で答えましょう。

（　　　　　　　　　　）

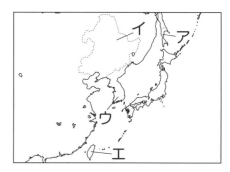

(3) 下線部③について，江戸（えど）時代の身分制度が廃止（はいし）されたあとも不当な差別に苦しめられていた人々が，差別をなくすためにつくった結社を何といいますか。

（　　　　　　　　　　）

(4) 下線部④について，次の文の □□□ にあてはまる内容を書きましょう。

> 太平洋（たいへいよう）戦争中，都市部に空襲（くうしゅう）が行われるようになると，都市部の子どもたちは □□□ 。

（　　　　　　　　　　）

(5) 下線部⑤について，1950年代中ごろから始まった，経済の急速な発展を何といいますか。

（　　　　　　　　　　）

2 次のカード①～③を，年代の古い順に並べかえ，番号で答えましょう。

①	②	③

①
元軍が，二度にわたって九州北部にせめてきた。

②
日本は，サンフランシスコ平和条約を結び，独立を回復した。

③
邪馬台国の女王の卑弥呼が，中国に使いを送った。

(　　→　　→　　)

3 次の地図を見て，あとの問いに答えましょう。

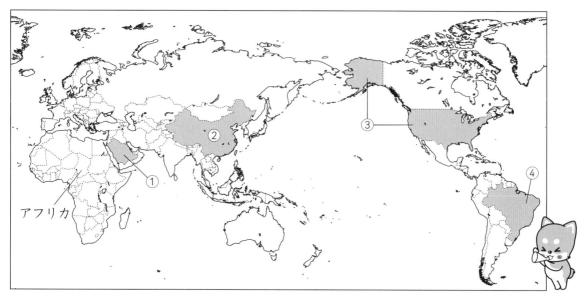

アフリカ

(1) 次の文は，地図中の①～④のどの国について述べたものですか。番号で答えましょう。

人口の増加をおさえるため，一人っ子政策が行われていた。　(　　)

(2) 地図中の③の国には，1945 年に，世界の安全と平和を守るためにつくられた国際組織の本部があります。この国際組織を何といいますか。

(　　)

(3) 地図中のアフリカなどの発展途上国では，食料援助や技術提供など，さまざまな支援活動が行われています。(2)の国際組織や各国の政府から独立して活動を行う，非政府組織の略称を何といいますか。

(　　)

答えは別さつ22ページ→

●編 者
　　数研出版編集部
●カバー・表紙デザイン
　　株式会社クラップス
●写真提供
　　国立国会図書館

初版
第 1 刷　2020 年 7 月 1 日　発行

発行者　星野　泰也

ISBN978-4-410-15482-9

チャ太郎ドリル　小6　社会

発行所　**数研出版株式会社**

本書の一部または全部を許可なく
複写・複製することおよび本書の
解説・解答書を無断で作成するこ
とを禁じます。

〒101-0052 東京都千代田区神田小川町2丁目3番地3
　　　　　〔振替〕00140-4-118431
〒604-0861 京都市中京区烏丸通竹屋町上る大倉町205番地
〔電話〕代表（075）231-0161
ホームページ　https://www.chart.co.jp
印刷　河北印刷株式会社
　　　乱丁本・落丁本はお取り替えいたします　200601

6年 社会

① 憲法とわたしたちのくらし

ステップ1　かくにんしよう！

日本国憲法の三つの原則

日本国憲法は、日本の国や国民の生活の基本について定めています。

○**基本的人権の尊重**…人が生まれながらにしてもっている、おかすことのできない権利です。だれもが個人として尊重されます。

・思想や学問の自由	・仕事について働く義務
・教育を受ける権利	・税金を納める義務
・政治に参加する権利　など	・子どもに教育を受けさせる義務

↑国民の権利　　**↑国民の義務**

○**国民主権**…国の政治のあり方を最終的に決めるのは国民です。**天皇**は、日本国と日本国民のまとまりの**象徴**（しるし）で、内閣の助言と承認にもとづいて**国事行為**を行います。

○**平和主義**…二度と戦争をしないことや、外国との争いごとを**武力**で解決せず、そのための**戦力**をもたないことです。

> 非核三原則…核兵器を「もたない、つくらない、もちこませない」。

ステップ2　れんしゅうしよう！

① 次の(1)～(3)の日本国憲法の原則を何といいますか。ア～ウから選び、記号で答えましょう。

(1) 世界平和を求め、二度と戦争をしない。　　　（　イ　）

(2) 人が生まれながらにもっている権利を大切にする。　（　ウ　）

(3) 国民が国の政治のあり方を最終的に決定する。　（　ア　）

ア 国民主権　イ 平和主義　ウ 基本的人権の尊重

4

---

② 次の文の（　）にあてはまることばを、あとの◻︎◻︎から選びましょう。

(1) 日本国憲法では、天皇は日本国と日本国民のまとまりのしるしである（　象徴　）と定められている。

(2) 日本国憲法では、外国との争いごとを（　武力　）で解決せず、そのための戦力をもたないと定められている。

(3) 天皇は、内閣の助言と承認にもとづいて、（　国事行為　）を行う。

(4) 国民には、仕事について働く義務や（　税金　）を納める義務、子どもに教育を受けさせる義務が定められている。

(5) 日本は、核兵器を「もたない、つくらない、もちこませない」という（　非核三原則　）をかかげている。

| 国事行為　　武力　　税金　　非核三原則　　象徴 |

ステップ3　やってみよう！

次の問いに答えましょう。

(1) 現在、日本で主権をもつのはだれですか。ア～ウから選び、記号で答えましょう。
ア 天皇　イ 国民　ウ 内閣総理大臣　　（　イ　）

(2) 右の資料は、日本国憲法の前文の一部を要約したものです。この資料は、日本国憲法の三つの原則のうちのいずれについて定めたものですか。

（　平和主義　）

> 日本国民は、世界がいつまでも平和であることを願います。わたしたちは、平和と正義を愛する世界の人々を信らいして、平和を守ることを決意しました。…わたしたちは、世界中の人々が、平等に、恐怖や欠乏なく、平和にくらす権利があることを確認します。

5　　答えは別さつ2ページ→

---

② 国の政治のしくみと選挙

ステップ1　かくにんしよう！

① 国の政治のしくみ

国の政治は、立法権をもつ**国会**、行政権をもつ**内閣**、司法権をもつ**裁判所**が分担しています。これを**三権分立**といい、たがいの権力を抑制し合い、権力の集中を防ぐためのしくみです。

○**国会**…法律や予算など、国の政治の方向を決めます。**衆議院**と**参議院**で慎重に話し合います。

○**内閣**…国会で指名された**内閣総理大臣**を中心に、国会で決められた法律や予算にもとづいて、政治をします。

○**裁判所**…法律にもとづいて裁判を行います。**裁判員制度**によって、国民の意見を裁判に反映しています。

↑三権分立のしくみ

② 国会と選挙

国会議員は、国民の投票によって選ばれます。選挙権は18才以上の国民に認められています。

> 選挙権は国民が政治に参加するための、とても大切な権利だよ！

ステップ2　れんしゅうしよう！

① 次の文の（　）にあてはまることばを、あとの◻︎◻︎から選びましょう。

(1) 法律や予算にもとづいて、（　内閣　）が政治を行います。

(2) （　国会　）では、選挙で選ばれた議員が、国の法律や予算を決めたり、内閣総理大臣を指名したりします。

(3) （　裁判所　）は、法律にもとづいて、犯罪などを裁きます。

| 国会　　内閣　　裁判所 |

6

---

② 次の文の（　）にあてはまることばや数字はどれですか。ア～カから選び、記号で答えましょう。

(1) 国会は、立法権をもっており、予算や（　カ　）などを決めることができる。

(2) 国会は、（　ウ　）と参議院の二院に分かれており、慎重に話し合って、国の政治の方向を決める。

(3) 内閣は、国会で国会議員の中から指名された（　オ　）を中心に、法律や予算などにもとづいて政治を行う。

(4) （　エ　）制度は、国民の意見を裁判に反映させるためのしくみである。

(5) 国会議員などを選ぶ権利である選挙権は、（　ア　）才以上の国民に認められている。

ア 18　イ 20　　　ウ 衆議院
エ 裁判員　オ 内閣総理大臣　カ 法律

ステップ3　やってみよう！

次の問いに答えましょう。

(1) 右の図のように、3つの機関に政治の権限を分担させるしくみを何といいますか。

（　三権分立　）

(2) 右の図のようなしくみがとられている理由を説明しましょう。

（（例）権力の集中を防ぐため。　　　）

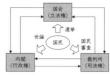

7　　答えは別さつ2ページ→

---

❸ わたしたちのくらしを支える政治

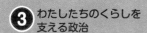

学習した日　　月　　日

ステップ1　かくにんしよう！

1 わたしたちのくらしと政治

都道府県や市（区）町村は、国の法律にもとづいて、地域の住民の願いを実現するための政治を行います。都道府県や市（区）町村の議会では、その地域だけのきまりである条例を制定したり、予算や税金を決めたりします。議会の議員は、選挙によって選ばれます。

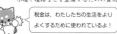

↑住民と地域の政治のかかわり

2 わたしたちのくらしを支える税金

○税金のおもな使い道
・学校などの公共施設などの建設。
・警察や消防の仕事、ごみ処理などの費用。
・高れい者や障がいのある人の生活を支える。
・水道や道路などを整備するための費用。

税金は、わたしたちの生活をよりよくするために使われているよ！

（2019年度）　『日本国勢図会2019/20年版』

↑地域の財政の収入の内訳

事業などのために借りるお金
その他　10.0
10.4
国や県からの補助金 35.3
住民や会社が納める税金 44.3%

ステップ2　れんしゅうしよう！

1 次の（　）にあてはまることばを書きましょう。

(1) 都道府県や市（区）町村は、地域の住民の（ 願い ）を実現するために、国の法律にもとづいて、政治を行う。

(2) （ 条例 ）は、法律のはん囲内で定められる、その地域だけのきまりである。

(3) 地域の財政の収入の約4割は、住民や会社が納める（ 税金 ）でまかなわれている。

8

---

2 次の図中の（　）にあてはまることばを、あとの[　　]から選びましょう。

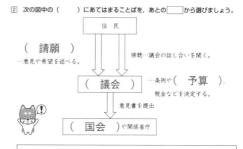

住民

（ 請願 ）
…意見や希望を述べる。

傍聴…議会の話し合いを聞く。

（ 議会 ）…条例や（ 予算 ）、税金などを決定する。

意見書を提出

（ 国会 ）や関係省庁

[国会　議会　請願　予算]

ステップ3　やってみよう！

次の問いに答えましょう。

右の資料は、税金のおもな使い道を示したものです。税金は、どのような目的で使われていますか。説明しましょう。

（例）わたしたちの生活をよりよくするため。

・学校などの公共施設などの建設。
・警察や消防の仕事、ごみ処理などの費用。
・高れい者や障がいのある人の生活を支える。
・上下水道や道路などを整備するための費用。

↑税金のおもな使い道

チャレンジ！

わたしたちの生活において、税金がかけられているものはどれかな？
ア　おかしを買う　　イ　公園を散歩する
ウ　川でつりをする　　エ　料理をする

〔 ア 〕

9　　答えは別さつ3ページ→

---

❹ 自然災害と政治

学習した日　　月　　日

ステップ1　かくにんしよう！

1 東日本大震災

2011年3月11日、宮城県沖を震源とする地震が発生し、巨大な津波が沿岸のまちをおそいました（東日本大震災）。この地震と津波は、東日本各地に大きな被害をもたらしました。まちはこわれ、水道やガス、電気などのライフラインが止まり、多くの人々が避難所での不便な生活を強いられました。被災した地域には、災害救助法にもとづいて、救助のほか、食料や水の支援などが行われました。

2 災害が発生したときの政治のはたらき

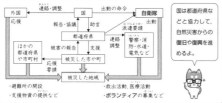

・避難所の開設
・支援物資の提供など
・救出活動、医療活動
・ボランティアの募集など

国は都道府県などと協力して、自然災害からの復旧や復興を進めるよ。

ステップ2　れんしゅうしよう！

1 次の(1)～(3)を何といいますか。ア～ウから選び、記号で答えましょう。

(1) 地震の後、沿岸をおそうことがある巨大な波。（ ウ ）

(2) 水道やガス、電気などの生活の基ばんとなるもの。（ ア ）

(3) 災害が発生したときに、国が救助活動などの支援を行うための法律。（ イ ）

ア　ライフライン　　イ　災害救助法　　ウ　津波

10

---

2 次の文の（　）にあてはまることばを書きましょう。

(1) 2011年3月11日、（ 東日本 ）大震災が起こり、大きな被害が発生した。

(2) 災害が起こったとき、自主的に被災地や被災者を支援する活動を行う人たちのことを（ ボランティア ）という。

(3) （ 自衛隊 ）は、災害が起こったとき、都道府県の派遣要請や国の出動の命令を受けて、被災地や被災者の救助や支援活動を行う。

ステップ3　やってみよう！

次の問いに答えましょう。

東日本大震災で大きな被害を出した市では、右の図のように、海の近くの家を高い場所へ移す取り組みが行われました。このような取り組みを行った目的を説明しましょう。

新しい場所
元の場所
海

（（例）津波から家を守るため。）

チャレンジ！

東日本大震災で大きな地震が発生した宮城県の形はどれかな？
ア　　イ　　ウ　　エ

〔 ウ 〕

11　　答えは別さつ3ページ→

3

❺ かくにんテスト①

学習した日
月　日

❶ 日本国憲法の三つの原則について説明した、次の文の（　）にあてはまることばを書きましょう。

(1) 日本国憲法では、国の主権をもつのは国民であり、（　**天皇**　）は、日本の国や国民のまとまりの象徴（しるし）であると定められている。

(2) 外国との争いごとを武力で解決せず、そのための戦力ももたないという原則を（　**平和主義**　）という。

(3) 人が生まれながらにしてもっている自由で平等な権利を大切にするという原則を（　**基本的人権**　）の尊重という。

まとめ

❷ 次の問いに答えましょう。

(1) 右の図は、三権分立のしくみを示したものです。図中の①〜③にあてはまる機関名を書きましょう。

① （　**国会**　）
② （　**内閣**　）
③ （　**裁判所**　）

(2) 選挙権は、何才以上の国民に認められていますか。　（　**18**　）才

(3) 国民が裁判に参加することで、国民の意見を裁判に反映させるための制度を何といいますか。

（　**裁判員制度**　）

12

❸ わたしたちの願いを実現する政治について、次の問いに答えましょう。

(1) 右のグラフは、地域の財政収入の内訳を示したものです。グラフ中の　　　　にあてはまることばを、漢字2字で書きましょう。

税　金

▲地域の財政の収入の内訳

（2019年度）　　『日本国勢図会2019/20年版』

(2) 都道府県や市（区）町村の議会で制定される、その地域だけに適用されるきまりを何といいますか。

（　**条例**　）

(3) 都道府県や市（区）町村の議会の仕事として最も適切なものはどれですか。ア〜エから選び、記号で答えましょう。

ア　外国と条約を結ぶ。
イ　内閣総理大臣を指名する。
ウ　都道府県や市（区）町村の予算を決める。
エ　法律が憲法に違反していないか調べる。

（　**ウ**　）

❹ 次の文章中の（　）にあてはまることばを、あとのア〜エから選び、記号で答えましょう。

地震などで災害が発生すると、災害対策本部が設置され、被災した人々を保護するための（　**イ**　）が開設されます。また、都道府県の要請や国の出動命令を受けて（　**ウ**　）が派遣され、救出活動などが行われます。ほかにも食料や水などの支援物資が提供されたり、各地から集まった（　**ア**　）によってたき出しなどが行われたりします。このように、国や都道府県、市（区）町村が協力して、復旧や復興のための活動が行われます。

ア　ボランティア　イ　避難所　ウ　自衛隊　エ　ライフライン

13

答えは別さつ4ページ→

---

❻ 縄文時代と弥生時代のくらし

学習した日
月　日

ステップ❶　かくにんしよう！

① 縄文時代

人々は、たて穴住居という家に住み、動物や魚、木の実などを手に入れてくらしていました。縄文土器を使い、豊作などをいのって土偶がつくられました。

また、貝がらや動物の骨などを捨てたあとの貝塚から、当時の生活の様子がわかります。

青森県の三内丸山遺跡は、当時の人々がくらしていた集落のあとです。

▲たて穴住居　▲土偶

② 弥生時代

大陸から米づくりや鉄器、青銅器が伝わり、各地に広がりました。やがて食料や田、水などをめぐって、むらとむらの間で争いが起こるようになり、くにがつくられました。佐賀県の吉野ヶ里遺跡は、二重の堀やさくに囲まれた集落のあとです。

3世紀には、女王卑弥呼が邪馬台国を治めたとされています。

▲石包丁

卑弥呼は、中国に使いを送って、倭（日本）の王であることを認められたよ。

ステップ❷　れんしゅうしよう！

① 次の(1)〜(3)の文が、縄文時代について書かれていればア、弥生時代について書かれていればイと書きましょう。

(1) 米づくりが各地に広まった。　（　イ　）

(2) 卑弥呼が中国に使いを送った。　（　イ　）

(3) 豊作などをいのって、土偶がつくられた。　（　ア　）

14

② 次の文の（　）にあてはまることばを、あとの　　　　から選びましょう。

(1) 縄文時代の人々が食べた貝がらや動物の骨などを捨てた場所のあとを（　**貝塚**　）という。

(2) 縄文時代には、人々は、地面を浅くほり、草などで屋根をふいてつくられた（　**たて穴住居**　）でくらしていた。

(3) 中国の書物には、邪馬台国の女王（　**卑弥呼**　）は、30ほどのくにを従えていたと記されている。

(4) 佐賀県の（　**吉野ヶ里**　）遺跡は、二重の堀やさくで囲まれている。

| 吉野ヶ里　卑弥呼　貝塚　たて穴住居 |

ステップ❸　やってみよう！

次の問いに答えましょう。

弥生時代の遺跡には、二重の堀やさくに囲まれたつくりのものがあります。このような堀やさくがつくられたのはなぜだと考えられますか。説明しましょう。

（　（例）争いが起こるようになったから。　）

チャレンジ！

チャ太郎は、右の道具を使って、弥生時代に行われていた米づくりにチャレンジしているよ。右の道具は、米づくりのどの作業で使われるものかな？

ア　種まき　イ　田植え
ウ　代かき　エ　稲かり

〔　エ　〕

15

答えは別さつ4ページ→

4

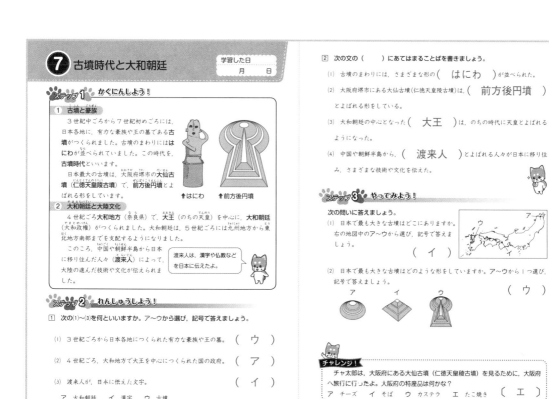

❼ 古墳時代と大和朝廷

ステップ1　かくにんしよう！

1 古墳と豪族

　3世紀中ごろから7世紀初めごろには、日本各地に、有力な豪族や王の墓である**古墳**がつくられました。古墳のまわりにははにわが並べられました。この時代を、**古墳時代**といいます。

　日本最大の古墳は、大阪府堺市の**大仙古墳（仁徳天皇陵古墳）**で、**前方後円墳**とよばれる形をしています。

↑はにわ　↑前方後円墳

2 大和朝廷と大陸文化

　4世紀ごろ**大和地方（奈良県）**で、**大王（のちの天皇）**を中心に、**大和朝廷（大和政権）**がつくられました。大和朝廷は、5世紀ごろから九州地方から東北地方南部までを支配するようになりました。

　このころ、中国や朝鮮半島から日本に移り住んだ人々（**渡来人**）によって、大陸の進んだ技術や文化が伝えられました。

渡来人は、漢字や仏教などを日本に伝えたよ。

ステップ2　れんしゅうしよう！

1 次の(1)〜(3)を何といいますか。ア〜ウから選び、記号で答えましょう。

(1) 3世紀ごろから日本各地につくられた有力な豪族や王の墓。　（　ウ　）

(2) 4世紀ごろ、大和地方で大王を中心につくられた国の政府。　（　ア　）

(3) 渡来人が、日本に伝えた文字。　（　イ　）

　ア 大和朝廷　イ 漢字　ウ 古墳

16

2 次の文の（　　）にあてはまることばを書きましょう。

(1) 古墳のまわりには、さまざまな形の（　はにわ　）が並べられた。

(2) 大阪府堺市にある大仙古墳（仁徳天皇陵古墳）は、（　前方後円墳　）とよばれる形をしている。

(3) 大和朝廷の中心となった（　大王　）は、のちの時代に天皇とよばれるようになった。

(4) 中国や朝鮮半島から、（　渡来人　）とよばれる人々が日本に移り住み、さまざまな技術や文化を伝えた。

ステップ3　やってみよう！

次の問いに答えましょう。

(1) 日本で最も大きな古墳はどこにありますか。右の地図中のア〜ウから選び、記号で答えましょう。　（　イ　）

(2) 日本で最も大きな古墳はどのような形をしていますか。ア〜ウから1つ選び、記号で答えましょう。　（　ウ　）

　ア　イ　ウ

チャレンジ！

チャ太郎は、大阪府にある大仙古墳（仁徳天皇陵古墳）を見るために、大阪府へ旅行に行ったよ。大阪府の特産品は何かな？
　ア チーズ　イ そば　ウ カステラ　エ たこ焼き　〔　エ　〕

17　　答えは別さつ5ページ→

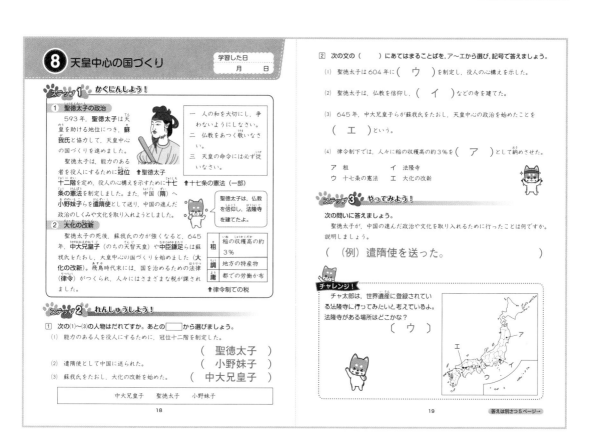

❽ 天皇中心の国づくり

ステップ1　かくにんしよう！

1 聖徳太子の政治

　593年、**聖徳太子**は天皇を助ける地位につき、**蘇我氏**と協力して、天皇中心の国づくりを進めました。

　聖徳太子は、能力のある者を役人にするために**冠位十二階**を定め、役人の心構えを示すために**十七条の憲法**を制定しました。また、中国（隋）へ**小野妹子**らを**遣隋使**として送り、中国の進んだ政治のしくみや文化を取り入れようとしました。

↑聖徳太子

一　人の和を大切にし、争わないようにしなさい。
二　仏教をあつく敬いなさい。
三　天皇の命令には必ず従いなさい。

↑十七条の憲法（一部）

聖徳太子は、仏教を信仰し、法隆寺を建てたよ。

2 大化の改新

　聖徳太子の死後、蘇我氏の力が強くなると、645年、**中大兄皇子（のちの天智天皇）**や**中臣鎌足**らは蘇我氏をたおし、天皇中心の国づくりを始めました（**大化の改新**）。飛鳥時代末には、国を治めるための法律（**律令**）がつくられ、人々にはさまざまな税が課されました。

租	稲の収穫高の約3%
調	地方の特産物
庸	都での労働か布

↑律令制での税

ステップ2　れんしゅうしよう！

1 次の(1)〜(3)の人物はだれですか。あとの　　から選びましょう。

(1) 能力のある人を役人にするために、冠位十二階を制定した。　（　聖徳太子　）

(2) 遣隋使として中国に送られた。　（　小野妹子　）

(3) 蘇我氏をたおし、大化の改新を始めた。　（　中大兄皇子　）

中大兄皇子　　聖徳太子　　小野妹子

18

2 次の文の（　　）にあてはまることばを、ア〜エから選び、記号で答えましょう。

(1) 聖徳太子は604年に（　ウ　）を制定し、役人の心構えを示した。

(2) 聖徳太子は、仏教を信仰し、（　イ　）などの寺を建てた。

(3) 645年、中大兄皇子らが蘇我氏をたおし、天皇中心の政治を始めたことを（　エ　）という。

(4) 律令制下では、人々に稲の収穫高の約3%を（　ア　）として納めさせた。

　ア 租　　　　　イ 法隆寺
　ウ 十七条の憲法　エ 大化の改新

ステップ3　やってみよう！

次の問いに答えましょう。

　聖徳太子が、中国の進んだ政治や文化を取り入れるために行ったことは何ですか。説明しましょう。

（　（例）遣隋使を送った。　）

チャレンジ！

チャ太郎は、世界遺産に登録されている法隆寺に行ってみたいと考えているよ。法隆寺がある場所はどこかな？
　〔　ウ　〕

19　　答えは別さつ5ページ→

❾ 聖武天皇の政治と文化

ステップ1　かくにんしよう！

1 奈良の都と聖武天皇の政治

710年、中国にならって、奈良に**平城京**がつくられました。以後の約80年間を**奈良時代**といいます。

聖武天皇は、仏教の力によって社会の不安をしずめ、国を守ろうと考え、都に**東大寺**を、国ごとに**国分寺**を建てました。東大寺には、僧の**行基**の協力のもと、全国から集められた農民によって**大仏**がつくられました。

←東大寺の大仏

2 奈良時代の文化

聖武天皇は、中国（**唐**）へ**遣唐使**や留学生を送り、大陸の進んだ文化や技術を取り入れました。

東大寺にある正倉院には、聖武天皇のもちもののほか、インドや西アジアでつくられた宝物がおさめられています。

このコップは、西アジアのガラスでつくられているんだよ！

←正倉院のガラスのコップ

中国の僧の**鑑真**は、聖武天皇に招かれて、何回も航海に失敗しながらも来日しました。鑑真は、唐招提寺を建て、日本に正式な仏教を広めました。

ステップ2　れんしゅうしよう！

1 次の(1)～(3)の人物はだれですか。ア～ウから選び、記号で答えましょう。

(1) 都に東大寺を、国ごとに国分寺を建てた。　　（ **ウ** ）

(2) 東大寺の大仏づくりに協力した。　　（ **ア** ）

(3) 中国から来日した僧で、日本に正式な仏教を広めた。　　（ **イ** ）

ア　行基　イ　鑑真　ウ　聖武天皇

20

2 次の文の（　）にあてはまることばを書きましょう。

(1) 710年、中国にならって、奈良に（ **平城京** ）がつくられた。

(2) 聖武天皇は、都に東大寺を、国ごとに（ **国分寺** ）を建てた。

(3) 東大寺の（ **正倉院** ）には、聖武天皇のもちものや、遣唐使が中国からもち帰った宝物がおさめられている。

(4) 中国から来日した鑑真は、唐招提寺を建て、日本に正式な（ **仏教** ）を伝えた。

ステップ3　やってみよう！

次の問いに答えましょう。

(1) 聖武天皇が、都に東大寺、国ごとに国分寺を建てた目的を、ア～ウから選び、記号で答えましょう。

ア　天皇中心の政治をするため。
イ　仏教の力によって、国を守るため。
ウ　豊作をいのるため。

（ **イ** ）

(2) 次の文章中の　　にあてはまることばを書きましょう。

東大寺の正倉院には、右のような宝物が保管されていました。このことから、当時の日本は、遣唐使などを送ることで、　　を取り入れていたことがわかります。

（ （例）大陸の進んだ文化や技術 ）

チャレンジ！
チャ太郎は、東大寺につくられた大仏について調べているよ。当時の大仏の大きさはどれくらいかな？
ア　5.8m　イ　10.8m　ウ　15.8m　［ **ウ** ］

21

答えは別さつ6ページ→

---

❿ 貴族のくらし

ステップ1　かくにんしよう！

1 藤原氏の政治

794年、都が**平安京**（京都府）へ移されました。平安時代には、朝廷の政治を、藤原氏などの有力な貴族が動かすようになりました。藤原道長は、自分のむすめを天皇のきさきにして天皇とのつながりを強化し、大きな力をもちました。

道長は、世の中が自分の思い通りになっているという歌をよんだんだよ。

この世をば　わが世ぞと思う望月の　欠けたることも　なしと思えば
←藤原道長の歌

2 日本風の文化（国風文化）

平安時代の貴族は**寝殿造**とよばれる屋敷に住み、女性は**十二単**という衣服を身につけました。

貴族の生活の様子をあざやかな色でえがいた**大和絵**が生まれました。また、漢字から**かな文字**（ひらがなとかたかな）がつくられて感情が自由に表現できるようになり、紫式部の『**源氏物語**』や清少納言の『**枕草子**』などの文学作品が生まれました。平安時代に行われた、お正月や七夕などの**年中行事**は、現在まで受けつがれています。

↑寝殿造

↑十二単

ステップ2　れんしゅうしよう！

1 次の文の（　）にあてはまることばを書きましょう。

(1) 794年、都が（ **平安京** ）（京都府）に移された。

(2) 平安時代には、貴族の生活の様子が、（ **大和絵** ）にあざやかな色でえがかれた。

(3) 漢字から、ひらがなとかたかなの（ **かな文字** ）がつくられた。

22

2 次の文の（　）にあてはまるものを、ア～カから選び、記号で答えましょう。

(1) （ **エ** ）は、自分のむすめを天皇のきさきにして天皇とのつながりを強化し、大きな力をもった。

(2) 平安時代の貴族は、（ **カ** ）の屋敷でくらしていた。

(3) 平安時代の貴族の女性は、（ **オ** ）という服を着ていた。

(4) かな文字を使って、紫式部は（ **イ** ）という小説を、清少納言は（ **ウ** ）という随筆を書いた。

(5) 平安時代には、お正月や七夕などの（ **ア** ）が貴族の間で行われ、これらは現在まで受けつがれている。

ア　年中行事　イ　『源氏物語』　ウ　『枕草子』
エ　藤原道長　オ　十二単　カ　寝殿造

ステップ3　やってみよう！

次の問いに答えましょう。

(1) 平安時代に、朝廷の政治を動かすようになったのは、どのような人々ですか。ア～ウから選び、記号で答えましょう。
ア　天皇　イ　貴族　ウ　農民　　（ **イ** ）

(2) かな文字は、平安時代に、ある文字をもとにしてつくられた、日本独自の文字です。かな文字のもとになった文字は何ですか。かな文字の成り立ちを示した右の資料を参考にして、書きましょう。

（ **漢字** ）

於↓扵↓お	衣↓衣↓え	宇↓宇↓う	以↓以↓い	安↓あ↓あ
				江↓江↓え
				阿↓ア↓ア
				伊↓イ↓イ
				宇↓ウ↓ウ

23

答えは別さつ6ページ→

6

学習した日 月 日

1 次の文の（　）にあてはまることばを書きましょう。

(1) 青森県の三内丸山遺跡は，（ **縄文** ）時代の大規模な集落あとである。

(2) 弥生時代には，大陸から伝わった（ **米づくり** ）が各地に広まり，食料や田，水などをめぐって，むらとむらの間で争いが起こるようになった。

(3) 3世紀ごろ，（ **邪馬台国** ）の女王卑弥呼が30ほどのくにを従えていたと中国の歴史書に記されている。

(4) 4世紀ごろ，現在の奈良県を中心とした地域に，大きな国がつくられた。その国の政府は（ **大和朝廷** ）とよばれ，5～6世紀ごろには日本の大部分を統一した。

(5) 古墳時代に中国や朝鮮半島から日本に移り住み，すぐれた技術や進んだ文化を伝えた人々を（ **渡来人** ）という。

Check!

2 右の図について，次の問いに答えましょう。

(1) 図のような形の有力な豪族や王の墓を何といいますか。書きましょう。

（ **前方後円墳** ）

(2) (1)のまわりに並べられていた土製の焼き物を何といいますか。ア～ウから選び，記号で答えましょう。

ア はにわ　イ 土偶　ウ 貝塚

（ **ア** ）

24

3 次の年表を見て，あとの問いに答えましょう。

年代	おもなできごと
604	聖徳太子が（ ① ）を制定する
645	（ ② ）と中臣鎌足が新しい政治を始める ……… あ
↕ い	
743	（ ③ ）が大仏をつくる命令を出す
11世紀前半	藤原道長が朝廷の政治を行った ……………………… う

(1) 右の資料は，聖徳太子が制定した年表中の（ ① ）の一部です。（ ① ）にあてはまることばを書きましょう。

（ **十七条の憲法** ）

一 人の和を大切にし，争わないようにしなさい。
二 仏教をあつく信じなさい。
三 天皇の命令は必ず従いなさい。

(2) 年表中の（ ② ），（ ③ ）にあてはまる人物の名前を書きましょう。

②（ **中大兄皇子** ）③（ **聖武天皇** ）

(3) 年表中のあのできごとを何といいますか。書きましょう。

（ **大化の改新** ）

(4) 年表中のいのころに，律令がつくられ，人々にはさまざまな税が課されました。税の名前と納めたものの組み合わせとして正しいものを，ア～ウから選び，記号で答えましょう。

ア 租－地方の特産物
イ 調－稲の収穫高の約3％
ウ 庸－都での労働の布

（ **ウ** ）

(5) 年表中のうについて，藤原氏はどのようにして大きな力をもつようになりましたか。「むすめ」「天皇」ということばを用いて，説明しましょう。

（ **(例) むすめを天皇のきさきにして，天皇との結びつきを強めた。** ）

25

答えは別さつ7ページ→

学習した日 月 日

ステップ1 かくにんしよう！

1 武士の登場とくらし

平安時代の中ごろ，地方の豪族などが，自分たちの土地を守るために武器をとり，武士とよばれるようになりました。

武士は自分の領地が見わたせる場所に，堀や垣根に囲まれたやかたを建ててくらしました。領地を守るために，武器の手入れや武芸の訓練などを行っていました。

武士はいつでも戦えるように，準備していたんだね！

2 平氏の政治

武士は，朝廷や貴族に仕えて大きな力をもつようになると，一族のかしらを中心に武士団をつくりました。武士団の中で，特に勢力が強かったのは，平氏と源氏です。

平清盛は平治の乱で源氏をやぶり，1167年に，武士として初めて太政大臣となりました。清盛はむすめを天皇のきさきにし，貴族にかわって政治を行いました。平氏は中国（宋）との貿易を行い，厳島神社（広島県）をまつって，海上交通の安全をいのりました。

平氏は朝廷の政治を思うように進めたため，やがて，貴族や武士たちの間で平氏に対する不満が高まっていきました。

↑厳島神社

ステップ2 れんしゅうしよう！

1 次の文の（　）にあてはまることばを書きましょう。

(1) 平安時代の中ごろには，地方の豪族などが自分の領地を守るために武器をとり，（ **武士** ）とよばれるようになった。

(2) 平治の乱で源氏をやぶった（ **平清盛** ）は，1167年，武士として初めて太政大臣となった。

26

2 次の文の（　）にあてはまることばを，ア～ウから選び，記号で答えましょう。

(1) 大きな力をつけた武士たちは，一族のかしらを中心として（ **ウ** ）をつくった。

(2) 平氏は，（ **ア** ）で源氏をやぶり，朝廷内での力を強めた。

(3) 平清盛は，中国（宋）と貿易を行い，（ **イ** ）をまつって，海上交通の安全をいのった。

ア 平治の乱　イ 厳島神社　ウ 武士団

ステップ3 やってみよう！

次の問いに答えましょう。

(1) 武士たちは，どのような家でくらしていましたか。ア～ウから選び，記号で答えましょう。

ア 堀や垣根があり，領地が見わたせる場所に建てられた家。
イ 地面を浅くほり，草などで屋根をふいてつくった家。
ウ 庭に池がつくられ，建物が「廊下」などで結ばれた家。

（ **ア** ）

(2) 厳島神社がある場所を，右の地図中のア～エから選び，記号で答えましょう。

（ **ウ** ）

チャレンジ！

武士が，戦いに備えて飼育していた動物は何かな？
ア 牛　イ ねこ　ウ うさぎ　エ 馬

（ **エ** ）

27

答えは別さつ7ページ→

7

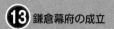

⓭ 鎌倉幕府の成立

学習した日

月　日

ステップ1　かくにんしよう！

① 鎌倉幕府の成立

1185年，壇ノ浦の戦いで平氏がほろびると，源頼朝は，国ごとに守護を，荘園などに地頭を置きました。1192年，頼朝は朝廷から征夷大将軍に任命されました。このようにして，頼朝は，鎌倉（神奈川県）に幕府を開きました。将軍と御家人（将軍に従った武士）は，ご恩と奉公による主従関係で結ばれていました。

▲ご恩と奉公

② 執権政治の始まり

源氏の将軍が3代で絶えると，幕府の政治は，代々，執権についた北条氏がにぎりました。

1221年，朝廷が幕府をたおそうと兵をあげると，頼朝の妻であった北条政子は，御家人たちの団結をうながし，朝廷の軍を打ちやぶりました（承久の乱）。

1232年には，武士の裁判の基準となる法律（御成敗式目）が制定されました。

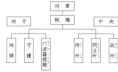

▲鎌倉幕府のしくみ

武士による政治が始まったよ！

ステップ2　れんしゅうしよう！

① 次の(1)～(3)を何といいますか。ア～ウから選び，記号で答えましょう。

(1) 代々，北条氏がついた，将軍を補佐する役職。　　（　イ　）

(2) 国ごとに置かれ，軍事や警察の仕事をする役職。　（　ウ　）

(3) 荘園ごとに置かれ，税の取り立てなどを行う役職。（　ア　）

ア　地頭　イ　執権　ウ　守護

28

---

② 次の文の（　　）にあてはまることばを書きましょう。

(1) 1192年，（　源頼朝　）は，朝廷から征夷大将軍に任命され，武士のかしらの地位についた。

(2) 将軍に従った武士である（　御家人　）は，戦いがあるときには，幕府のために戦った。

(3) 将軍が将軍に従った武士に対して，領地を保護し，手がらがあったときに新しい領地をあたえることを（　ご恩　）という。

(4) 源頼朝の妻であった（　北条政子　）は，朝廷が幕府をたおそうと兵をあげたとき，御家人たちの団結をうながし，幕府の危機を救った。

(5) 1232年，（　御成敗式目　）が制定され，武士の裁判の基準となった。

ステップ3　やってみよう！

次の問いに答えましょう。

(1) 鎌倉幕府が置かれた神奈川県の位置を，右の地図中のア～エから選び，記号で答えましょう。

（　イ　）

(2) 将軍に従った御家人たちは，将軍に対する奉公として，戦いが起こったときにどのような行動をとりましたか。説明しましょう。

（（例）幕府のために戦った。　　　　　　）

29

答えは別さつ8ページ→

⓮ 元との戦い

学習した日

月　日

ステップ1　かくにんしよう！

① 元との戦い

13世紀，モンゴル人が中国を支配し，元という国をつくりました。元は，朝鮮を従えた後，日本も従えようとして何度も使者を送ってきました。鎌倉幕府の執権であった北条時宗は，元の要求を受け入れなかったため，元は，2度にわたって，九州北部にせめこんできました（元寇）。

集団で戦い，火薬兵器を使うよ。

元軍

日本軍

てっぽう

日本は，元軍に苦戦したよ。

一所懸命，幕府のために戦う。

② 元との戦いのあとの様子

御家人の激しい抵抗や嵐によって，元軍は引き上げました。1度目の戦いの後，再び元が上陸するのを防ぐため，幕府は，防塁（石塁）をつくりました。

御家人は元と命がけで戦いましたが，幕府は御家人たちに，ご恩として新しい領地をほとんどあたえることができませんでした。そのため，御家人たちは幕府に不満をもつようになりました。

ステップ2　れんしゅうしよう！

① 次の問いに答えましょう。

(1) 元軍がせめてきたときの幕府を何といいますか。

（　鎌倉幕府　）

(2) 元寇のときに，火薬兵器を用いたのは，日本軍と元軍のどちらですか。

（　元軍　）

30

---

② 次の文の（　　）にあてはまることばを，あとのア～カから選び，記号で答えましょう。

(1) 元軍は，朝鮮とともに，2度にわたって（　カ　）にせめこんだが，御家人の激しい抵抗や嵐によって，大陸に引き上げた。

(2) 幕府の執権であった（　ウ　）は，元との戦いで御家人たちを指揮した。

(3) 元軍は，てつはうなどの火薬兵器を使い，（　ア　）で戦ったため，日本は苦戦した。

(4) 元軍との1度目の戦いの後，幕府は，元軍が再び上陸するのを防ぐために，（　オ　）をつくらせた。

ア　集団　イ　一人　ウ　北条時宗
エ　北条政子　オ　防塁　カ　九州北部

ステップ3　やってみよう！

次の問いに答えましょう。

元との戦いの後，御家人たちが幕府に不満をもつようになった理由を，説明しましょう。

（（例）命がけで戦ったのに，新しい領地をもらえなかったから。　　　　　　　　　　　　　）

チャレンジ！

元との戦いに参加したのに，ご恩として新しい領地をもらえなかった九州の御家人の竹崎季長は，新しい領地をもらうためにどんな行動をとったかな？
ア　泣いて悲しんだ。
イ　おこって，御家人をやめた。
ウ　鎌倉まで，自分の活やくをうったえにいった。

（　ウ　）

31

答えは別さつ8ページ→

8

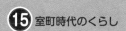

⑮ 室町時代のくらし

ステップ1 かくにんしよう！

1 室町幕府の成立

14世紀中ごろに鎌倉幕府がほろぶと、足利氏が京都に室町幕府を開きました。3代将軍の足利義満は、中国（明）と貿易を行い、文化や芸術を保護しました。

2 室町時代の文化

義満は文化を保護し、京都の北山に金閣を建てました。8代将軍の足利義政は、京都の東山に銀閣や、現在の和室の元となった書院造の部屋をつくりました。

↑金閣

↑銀閣

金閣ははなやかだけど、銀閣は落ち着いた感じだね。

雪舟は、中国から伝わったすみ絵（水墨画）を、日本独自の画風に完成させました。また、観阿弥・世阿弥の父子によって能が大成され、また、民衆の生活を題材にした狂言が広まりました。生活のようすも変化し、1日3回の食事やうどん、とうふ、納豆などが広まりました。室町時代に生まれた文化の多くは、現在のくらしに受けつがれています。

ステップ2 れんしゅうしよう！

① 次の(1)～(3)の人物はだれですか。ア～ウから選び、記号で答えましょう。

(1) 京都の北山に金閣を建てた。　　（　ウ　）

(2) 京都の東山に銀閣を建てた。　　（　ア　）

(3) すみ絵（水墨画）を日本独自の画風に完成させた。　　（　イ　）

ア　足利義政　イ　雪舟　ウ　足利義満

32

② 次の文の（　）にあてはまることばを、あとの▭から選びましょう。

(1) 足利氏が京都に開いた幕府を（ 室町幕府 ）という。

(2) 3代将軍（ 足利義満 ）は、中国（明）と貿易を行い、京都の北山に金閣を建てた。

(3) 雪舟は、中国から伝わった（ すみ絵 ）を日本独自の画風に完成させた。

(4) 観阿弥・世阿弥の父子によって、（ 能 ）が大成された。

(5) 民衆の生活を題材にした（ 狂言 ）は、日常の会話を用いており、民衆に広まった。

▭
狂言　すみ絵　足利義満
足利義政　能　室町幕府
▭

重要！！

ステップ3 やってみよう！

次の問いに答えましょう。

(1) 右の図は、現在の和室の元となった部屋の一部を示しています。図のような部屋のつくりを何といいますか。書きましょう。

（ 書院造 ）

(2) 次のできごとを、起こった年代の古い順に並べかえましょう。
あ　足利義政が、東山に銀閣を建てた。
い　足利氏が、京都に室町幕府を開いた。
う　足利義満が、中国（明）と貿易を始めた。

（ い → う → あ ）

33

答えは別さつ9ページ→

---

⑯ 鉄砲とキリスト教の伝来

ステップ1 かくにんしよう！

1 鉄砲の伝来

京都で起こった応仁の乱によって室町幕府の力がおとろえると、各地で戦国大名が勢力を争う時代になり、この時代が約100年間続きました（戦国時代）。

1543年、ポルトガル人を乗せた船が種子島（鹿児島県）に流れ着き、日本に鉄砲を伝えました。やがて、鉄砲は、堺（大阪府）などで大量につくられ、戦いに使われるようになりました。

↑鉄砲

2 キリスト教の伝来

1549年、スペイン人の宣教師のフランシスコ・ザビエルが、鹿児島に来航し、キリスト教を伝えました。その後も多くの宣教師が来日し、西日本を中心にキリスト教を広めました。

16世紀の後半になると、ポルトガルやスペインの商人との貿易（南蛮貿易）が始まり、ヨーロッパの文化や品物をもたらしました。

ボタンやカッパ、メガネなどが伝わったよ。

↑フランシスコ・ザビエル

ステップ2 れんしゅうしよう！

① 次の問いに答えましょう。

(1) 1543年に、種子島に伝わった武器は何ですか。ア～ウから選び、記号で答えましょう。
ア　刀　イ　やり　ウ　鉄砲　　（　ウ　）

(2) 南蛮貿易で、日本と貿易を行った相手国を、ア～エから2つ選び、記号で答えましょう。
ア　イギリス　イ　スペイン　ウ　アメリカ　エ　ポルトガル
（　イ　）（　エ　）

34

② 次の文の（　）にあてはまることばを書きましょう。

(1) 室町幕府の力がおとろえると、各地で（ 戦国大名 ）が勢力を争う時代になった。

(2) 鉄砲は、（ 種子島 ）に流れ着いたポルトガル人によって伝えられた。

(3) 1549年、（ フランシスコ・ザビエル ）が鹿児島に来航し、日本にキリスト教を伝えた。

(4) 日本はスペインやポルトガルと（ 南蛮 ）貿易を行った。

ポイント！

ステップ3 やってみよう！

次の問いに答えましょう。

(1) 右のグラフは、ある宗教を信じる人の数の移り変わりを示しています。この宗教を何といいますか。

（ キリスト ）教

(2) フランシスコ・ザビエルが(1)の宗教を伝えるために、初めに来航した場所を、ア～エから選び、記号で答えましょう。
ア　鹿児島　イ　京都
ウ　大阪　エ　博多　　（　ア　）

チャレンジ！

チャ太郎は、南蛮貿易で日本に伝わったといわれているおかしを食べようとしているよ。このおかしは、次のどれかな？
ア　だんご　イ　どら焼き
ウ　カステラ　エ　ショートケーキ
〔　ウ　〕

35

答えは別さつ9ページ→

9

⑰ 2人の武将と天下統一

ステップ1　かくにんしよう！

1 織田信長

織田信長は、桶狭間の戦いで勝利して勢力を広げ、将軍の足利氏を京都から追放して室町幕府をほろぼしました。また、長篠の戦いでは、大量の鉄砲を使用しました。

安土（滋賀県）の城下町では、市場の税や関所をなくし、だれでも商売ができるようにしました（楽市・楽座）。

しかし、明智光秀におそわれ、本能寺で自害しました。

↑織田信長

2 豊臣秀吉

豊臣秀吉は、明智光秀をたおし、大阪城を築いて、政治の拠点としました。その後、朝廷から関白に任命され、天下統一を達成しました。

秀吉は全国で検地を行い、田畑の広さや耕作者などを調べました。また、刀狩で、百姓たちから刀や鉄砲などの武器を取り上げました。検地と刀狩により、武士と百姓・町人の身分の区別が明確になりました。

秀吉は、中国（明）を征服しようと、2度にわたり朝鮮に大軍を送りましたが、失敗に終わりました。

↑大阪城　↑豊臣秀吉

大きくて、豪華な城をつくったんだね！

ステップ2　れんしゅうしよう！

1 次の(1)、(2)にあてはまる人物名を書きましょう。

(1) 大阪に城を築いて、朝廷から関白に任命され、天下統一を達成した。
（ 豊臣秀吉 ）

(2) 足利氏の将軍を追放して室町幕府をほろぼし、長篠の戦いで勝利した。
（ 織田信長 ）

36

---

2 次の(1)～(4)にあてはまるものを、ア～エから選び、記号で答えましょう。

(1) 織田信長が、安土の城下町で行った、市場の税や関所をなくし、だれでも商売ができるようにした政策。
（ イ ）

(2) 織田信長が、家来であった明智光秀におそわれ、自害した場所。
（ エ ）

(3) 豊臣秀吉が行った、全国の田畑の広さや土地のよしあし、耕作者などを調べた政策。
（ ア ）

(4) 豊臣秀吉が、中国（明）を征服しようと、2度にわたり大軍を送った国。
（ ウ ）

ア 検地　イ 楽市・楽座
ウ 朝鮮　エ 本能寺

ステップ3　やってみよう！

次の問いに答えましょう。

(1) 右の資料は、豊臣秀吉が出した法令です。この法令を何といいますか。漢字2字で書きましょう。

刀　狩　令

> 一 諸国の百姓が、刀、やり、鉄砲などの武器をもつことを、かたく禁止する。武器をたくわえ、年貢を出さず、一揆をくわだてて領主に反抗する者は、厳しく処罰される。
> （一部要約）

(2) (1)の法令や検地などの政策によって、当時の身分はどのように変化しましたか。「武士」「百姓・町人」ということばを用いて、説明しましょう。

（ （例）武士と百姓・町人の身分の区別が明確になった。 ）

37　答えは別さつ10ページ→

---

⑱ かくにんテスト③

1 次の(1)～(4)の人物について述べた文を、ア～エから選び、記号で答えましょう。

(1) 平清盛 （ エ ）　(2) 北条時宗 （ イ ）

(3) 足利義満 （ ア ）　(4) 織田信長 （ ウ ）

ア 室町幕府3代将軍で、京都の北山に金閣を建てた。
イ 鎌倉幕府の執権で、元軍がせめてきたときに、御家人を指揮して対抗した。
ウ 長篠の戦いで大量の鉄砲を用いて、勝利した。
エ 武士として初めて太政大臣となり、厳島神社をまつった。

2 次の①、②の建築物について、あとの問いに答えましょう。

①銀閣　②大阪城

がんバレ！

(1) ①、②を建てた人物名を、それぞれ書きましょう。
①（ 足利義政 ）②（ 豊臣秀吉 ）

(2) ①が建てられたころに、雪舟によって大成されたものを、ア～エから選び、記号で答えましょう。
ア 寝殿造　イ すみ絵（水墨画）　ウ かな文字　エ 大和絵
（ イ ）

(3) ②が建てられたころに行われていた、スペインやポルトガルとの貿易を何といいますか。
（ 南蛮貿易 ）

38

---

3 次の年表を見て、あとの問いに答えましょう。

年代	おもなできごと
1192	（ ① ）が征夷大将軍に任命される ↑あ
1368	足利義満が征夷大将軍に任命される
1549	（ ② ）がキリスト教を日本に伝える
1573	③織田信長が室町幕府をほろぼす
1592・1597	朝鮮に大軍が送られる …………… ↓い

確認しよう

(1) 年表中の（ ① ）と（ ② ）にあてはまる人物名を書きましょう。
①（ 源頼朝 ）
②（ フランシスコ・ザビエル ）

(2) 年表中のあの期間に起こったできごとを、ア～ウから選び、記号で答えましょう。
ア 壇ノ浦の戦いで、平氏がほろびた。
イ ポルトガル人が日本に鉄砲を伝えた。
ウ 武士の裁判の基準となる法律（御成敗式目）が制定された。
（ ウ ）

(3) 年表中の③の人物が行ったことを、ア～エから選び、記号で答えましょう。
ア 刀狩令を出して、百姓から武器を取り上げた。
イ 市場での税や関所をなくし、だれでも商売ができるようにした。
ウ 全国の田畑の広さやよしあし、耕作者などを調べた。
エ 国ごとに守護を、荘園ごとに地頭を設置した。
（ イ ）

(4) 年表中のいについて、朝鮮に大軍を送った目的は何ですか。簡単に説明しましょう。
（ （例）中国（明）を征服するため。 ）

39　答えは別さつ10ページ→

⓳ 江戸幕府の成立

ステップ1　かくにんしよう！

1　江戸幕府の政治

関ヶ原の戦いに勝利した**徳川家康**は、1603年、**征夷大将軍**に任命され、**江戸**（東京都）に幕府を開きました。

幕府は、全国の大名を**親藩**（徳川家の親せき）、**譜代**（古くからの徳川家の家来）、**外様**（関ヶ原の戦いの後に従った大名）に分け、また、**武家諸法度**を定めて大名を取りしまりました。

3代将軍**徳川家光**は、**日光東照宮**を建て直し、大名に1年おきに江戸と領地を往復させる**参勤交代**の制度を武家諸法度に追加しました。

― 城を新しく築いてはならない。修理する場合は届け出ること。
― 大名は将軍の許可なく、結婚してはならない。（一部要約）

▲武家諸法度

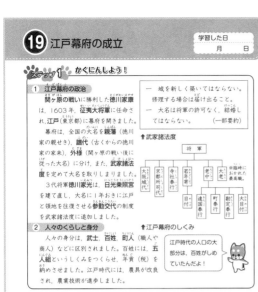

▲江戸幕府のしくみ

2　人々のくらしと身分

人々の身分は、**武士**、**百姓**、**町人**（職人や商人）などに区別されました。百姓には、**五人組**というしくみをつくらせ、**年貢**（税）を納めさせました。江戸時代には、農具が改良され、農業技術が進歩しました。

江戸時代の人口の大部分は、百姓がしめていたんだよ！

ステップ2　れんしゅうしよう！

① 次の(1)・(2)にあてはまることばを、{ }から選び、○で囲みましょう。

(1) 1603年、徳川{ **家康**・家光 }は、征夷大将軍に任命され、江戸幕府を開いた。

(2) { 御成敗式目・**武家諸法度** }は、全国の大名を統制するために制定された。

40

② 次の問いに答えましょう。

(1) 1600年に起こり、徳川家康が勝利した天下分け目の戦いを何といいますか。
（　**関ヶ原の戦い**　）

(2) 武家諸法度に追加された、大名に1年おきに江戸と領地を往復させた制度を何といいますか。
（　**参勤交代**　）

(3) 右のグラフは、江戸時代の身分別の人口割合を示しています。グラフ中のあにあてはまる身分を、ア～ウから選び、記号で答えましょう。
ア　武士　イ　町人　ウ　百姓
（　**ウ**　）

う 5%　その他 3%
い 7%
あ 85%
（江戸時代の終わりごろ）

(4) 江戸幕府が、百姓に年貢（税）を納めさせるめにつくらせたしくみを何といいますか。漢字3字で書きましょう。
五	人	組

ステップ3　やってみよう！

次の問いに答えましょう。

右の地図は、江戸時代のおもな大名の配置を示しています。外様大名の領地はどのような場所に多いですか。「江戸」ということばを用いて、簡単に説明しましょう。

（例）江戸から遠くはなれた場所。

（1664ごろ）
●親藩　●譜代大名
●外様大名
（10万石以上の大名のみ）

41　答えは別さつ11ページ→

⓴ キリスト教の禁止と鎖国

ステップ1　かくにんしよう！

1　キリスト教の禁止と鎖国

江戸幕府は、大名や商人に**朱印状**をあたえて、東南アジアの国々と貿易を行いました。東南アジア各地には、貿易の拠点として**日本町**がつくられました。

しかし、国内のキリスト教の信者が増えると、信者の勢力が大きくなることをおそれた幕府は、**キリスト教**を禁止し、**絵踏**みなどによって、キリスト教徒ではないことを確かめました。九州で**島原・天草一揆**が起こると、徳川家光はキリスト教の信者に対する取りしまりをさらに強めました。また、貿易の相手国を**中国**（清）と**オランダ**に限り、貿易港を**長崎**に限定しました。この体制を**鎖国**といいます。

↑絵踏みに使われた像

↑長崎の出島

2　鎖国中の交流

○**朝鮮**…**対馬藩**を通して貿易が行われました。朝鮮からは、将軍の代がわりごとに**朝鮮通信使**が送られました。

○**琉球王国**（沖縄県）…**薩摩藩**を通して貿易が行われました。

○**蝦夷地**（北海道）…**アイヌ**の人々と、松前藩を通じて交易を行いました。

鎖国中も、一部の国との貿易は行われていたんだね。

ステップ2　れんしゅうしよう！

① 次の文の（　）にあてはまることばを書きましょう。

(1) 江戸幕府から（　**朱印状**　）をあたえられた大名や商人は、東南アジアの国々と貿易を行った。

(2) オランダや中国（清）との貿易港は、（　**長崎**　）に限定された。

(3) 松前藩は、蝦夷地の（　**アイヌ**　）の人々と交易を行った。

42

② 次の問いに答えましょう。

(1) 江戸幕府が、信者の勢力が大きくなることをおそれて禁止した宗教は何ですか。
（　**キリスト教**　）

(2) 徳川家光が政治を行っていたころ、九州で(1)の宗教の信者を中心に起こった一揆を何といいますか。
（　**島原・天草一揆**　）

(3) 右の、長崎につくられた出島で貿易を許された国を、ア～ウから選び、記号で答えましょう。
ア　スペイン　イ　ポルトガル　ウ　オランダ
（　**ウ**　）

(4) 将軍の代がわりごとに、朝鮮から送られた使者を何といいますか。
（　**朝鮮通信使**　）

(5) 琉球王国と貿易を行っていた藩を、ア～ウから選び、記号で答えましょう。
ア　薩摩藩　イ　松前藩　ウ　対馬藩
（　**ア**　）

ステップ3　やってみよう！

次の問いに答えましょう。

右は、江戸時代に絵踏みに使われた像です。絵踏みを行った目的は何ですか。簡単に説明しましょう。

（例）キリスト教の信者ではないことを確かめるため。

チャレンジ！
日本から最も遠い国はどれかな？
ア　中国　イ　朝鮮　ウ　オランダ　エ　琉球王国
（　**ウ**　）

43　答えは別さつ11ページ→

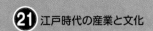

ステップ1　かくにんしよう！

1 産業の発達

○農業の発達…各地で新田の開発が進み、**千歯こき**などの新しい農具や肥料が広まって、農業生産が高まりました。

米の生産量が増えたよ！

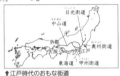
↑千歯こき

○都市の発展…政治や経済の中心地として、**江戸**や**大阪**などの都市が発展しました。江戸は人口が100万人をこえる大都市になりました。大阪は「**天下の台所**」とよばれ、全国の産物が大阪で取り引きされました。
また、江戸と京都を結ぶ**東海道**などの、おもな街道が整備されました。

日光街道
中山道
京都
奥州街道
江戸
東海道　甲州街道
↑江戸時代のおもな街道

2 江戸時代の文化

江戸や大阪などを中心に、**町人**たちが、活気のある文化を生み出しました。
近松門左衛門は歌舞伎や人形浄瑠璃の脚本を書いて、人気を集めました。
絵画では**浮世絵**が流行し、**歌川広重**は「**東海道五十三次**」などの作品をえがきました。

「東海道五十三次」
↑歌舞伎役者の浮世絵

ステップ2　れんしゅうしよう！

1 次の文の（　）にあてはまることばを書きましょう。

(1) 江戸時代、大阪は「**天下の台所**」とよばれ、全国からさまざまな産物が大阪に集まった。

(2) 歌川広重は、「東海道五十三次」などの（**浮世絵**）をえがいた。

44

2 次の（　）にあてはまることばを、ア〜エから選び、記号で答えましょう。

(1) 江戸時代には、（　ウ　）など、さまざまな農具が改良された。

(2) 江戸時代には、江戸や大阪の（　エ　）を中心に、文化が発達した。

(3) （　イ　）は、歌舞伎や人形浄瑠璃などの脚本を書いて、人気を集めた。

(4) 浮世絵師の（　ア　）は、「東海道五十三次」などの作品を残した。

ア　歌川広重　イ　近松門左衛門　ウ　千歯こき　エ　町人

ステップ3　やってみよう！

次の問いに答えましょう。

(1) 全国からさまざまな産物が集まり、「天下の台所」とよばれていた都市を、右の地図中のア〜ウから選び、記号で答えましょう。

（　ウ　）

(2) 右の地図中のあは、江戸と京都を結んだ街道です。この街道を何といいますか。漢字3字で書きましょう。

東	海	道

チャレンジ！
江戸時代の人たちは、街道を通って旅行に行ったよ。旅行の目的は何かな？
ア　お寺や神社へのお参り
イ　おいしいご飯
ウ　温泉

〔　ア　〕

45

ステップ1　かくにんしよう！

1 蘭学

江戸時代中ごろ、オランダ語の書物を通じて、ヨーロッパの進んだ知識や技術を学ぶ**蘭学**がさかんになりました。
杉田玄白は**前野良沢**らとともに、オランダ語で書かれた医学書を日本語に翻訳し、「**解体新書**」を出版しました。
天文学や測量術を学んだ**伊能忠敬**は、日本全国を測量しました。忠敬の死後、弟子たちが正確な日本地図を完成させました。

↑杉田玄白

↑解体新書

↑伊能忠敬

現代の地図とほとんど変わらない正確な地図をつくったんだ！

2 国学

江戸時代中ごろ、「**古事記**」や「**万葉集**」から、仏教や儒教などが伝わる前の日本人の考え方を研究する**国学**がおこりました。国学を完成させた**本居宣長**は、「**古事記**」を研究し、「**古事記伝**」を書きました。

3 学問の広まり

江戸時代には百姓や町人の子どもたちが、「読み、書き、そろばん」とよばれた日常生活に必要な知識を学ぶ**寺子屋**が各地につくられました。

ステップ2　れんしゅうしよう！

1 次の(1)〜(3)の人物はだれですか。ア〜ウから選び、記号で答えましょう。

(1) 「古事記」を研究し、「古事記伝」を書いた。　（　イ　）

(2) オランダ語の医学書を日本語に翻訳した。　（　ウ　）

(3) 正確な地図をつくるため、日本各地を測量した。　（　ア　）

ア　伊能忠敬　イ　本居宣長　ウ　杉田玄白

46

2 次の文の（　）にあてはまることばを書きましょう。

(1) 江戸時代中ごろ、オランダ語の書物を通じて、ヨーロッパの進んだ知識や技術を学ぶ（**蘭学**）がさかんになった。

(2) 杉田玄白や前野良沢らは、オランダ語の医学書を翻訳し、「（**解体新書**）」を出版した。

(3) （**国学**）は、仏教や儒教などが伝わる前の日本人の考え方を研究する学問である。

(4) 本居宣長は「古事記」を研究し、「（**古事記伝**）」を書いた。

ステップ3　やってみよう！

次の問いに答えましょう。

(1) 江戸時代に各地につくられ、百姓や町人の子どもたちが通った教育機関を何といいますか。

（　寺子屋　）

(2) (1)の教育機関で、子どもたちはどのようなことを学びましたか。簡単に説明しましょう。

（（例）読み、書き、そろばんなどの日常生活に必要な知識を学んだ。）

チャレンジ！
伊能忠敬が日本全国を測量するのにかかった年数はどれぐらいかな？
ア　約1年　イ　約7年　ウ　約10年　エ　約17年

〔　エ　〕

47

㉓ 外国の接近と開国

学習した日　月　日

ステップ1　かくにんしよう！

1 外国の接近

　ロシアやイギリス、アメリカ合衆国の船が来航するようになると、江戸幕府は外国の動きを警戒し、外国船を打ちはらうように命じました。また、この政策を批判した人を厳しくばっしました。

2 開国

　1853年、**アメリカ合衆国**の使節ペリーが**浦賀**（神奈川県）に現れ、幕府に開国するようせまりました。軍艦の武力をおそれた幕府は、1854年、**日米和親条約**を結んで国交を開き、**開国**しました。これにより、200年以上続いた鎖国が終わりました。

↑ペリー

↑日本人がえがいたペリー

ペリーを見たことがない日本人が、想像してえがいたんだって！

　1858年、アメリカ合衆国との間に**日米修好通商条約**を結び、貿易を開始しました。外国との貿易が始まると、国内の物価が上がり、人々の生活は苦しくなりました。

ステップ2　れんしゅうしよう！

1 次の問いに答えましょう。

(1) 1853年に、浦賀（神奈川県）に現れたアメリカ合衆国の使節はだれですか。

（　ペリー　）

(2) 1854年に、日本がアメリカ合衆国と結んだ条約を何といいますか。

（　日米和親条約　）

48

---

2 次の問いに答えましょう。

(1) 1853年に来航したペリーは、どこの国の使節ですか。ア～エから選び、記号で答えましょう。

　ア ロシア　イ イギリス　ウ オランダ　エ アメリカ合衆国

（　エ　）

(2) 右の地図中のあは、1853年にペリーが現れた場所です。あの地名を書きましょう。

（　浦賀　）

(3) 1858年、日本がアメリカ合衆国と結び、貿易を開始した条約を何といいますか。

（　日米修好通商条約　）

ステップ3　やってみよう！

次の問いに答えましょう。

(1) 鎖国が終わり、日本が開国したのはいつですか。右の年表中のア～ウから選び、記号で答えましょう。

（　ウ　）

年代	おもなできごと
1825	幕府が外国船の打ちはらいを命じる
	↑ア
1853	ペリーが来航する
	↑イ
1854	日米和親条約を結ぶ
	↑ウ
1858	日米修好通商条約を結ぶ

(2) 貿易が始まった後、日本の社会はどのように変化しましたか。簡単に説明しましょう。

（（例）物価が上がり、人々の生活が苦しくなった。）

49

答えは別さつ13ページ→

㉔ 江戸時代の終わり

学習した日　月　日

ステップ1　かくにんしよう！

1 一揆と打ちこわし

　大きなききんが発生すると、農村では百姓が**一揆**を、都市では町人が**打ちこわし**を起こしました。1837年、大阪で、元幕府の役人であった**大塩平八郎**が、ききんに苦しむ人々を救おうとして、反乱を起こしました。

2 江戸時代の終わり

　薩摩藩（鹿児島県）では**西郷隆盛**や**大久保利通**を、長州藩（山口県）では**木戸孝允**を中心に、幕府をたおして新政府をつくろうという運動が高まりました。

　薩摩藩と長州藩は土佐藩（高知県）の**坂本龍馬**のよびかけで同盟を結び、幕府をたおそうと兵をあげました。

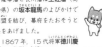
↑坂本龍馬

仲が悪い薩摩藩と長州藩を仲立ちしたよ。

　1867年、15代将軍**徳川慶喜**は、政権を朝廷に返上し、江戸幕府はほろびました。

　新政府は1868年に**五箇条の御誓文**を定めて新しい政治の方針を示し、明治時代が始まりました。

　一　政治のことは、会議を開き、みんなの意見を聞いて決めましょう。
　一　みんなの心を合わせて、国の政治を行いましょう。
（一部要約）
↑五箇条の御誓文

ステップ2　れんしゅうしよう！

1 次の（　）にあてはまる人物名を書きましょう。

(1) 1837年、元幕府の役人であった（　大塩平八郎　）は、人々を救うために大阪で反乱を起こした。

(2) （　坂本龍馬　）は、薩摩藩と長州藩を仲立ちして、同盟を結ばせた。

(3) 1867年、将軍（　徳川慶喜　）は、朝廷に政権を返した。

50

---

2 次の（　）にあてはまることばを、ア～オから選び、記号で答えましょう。

(1) 人々の生活が苦しくなると、農村では（　ウ　）が、都市では（　エ　）が起こった。

(2) （　イ　）藩では西郷隆盛や大久保利通らを、（　ア　）藩では木戸孝允らを中心として、幕府をたおして新政府をつくろうという運動が高まった。

(3) 江戸幕府がほろびると、新政府は、（　オ　）を定めて、新しい政治の方針を示した。

　ア 長州　　　イ 薩摩　　　　　ウ 一揆
　エ 打ちこわし　オ 五箇条の御誓文

ステップ3　やってみよう！

次の問いに答えましょう。

(1) 1837年、大塩平八郎が反乱を起こした都市を、ア～エから選び、記号で答えましょう。

　ア 江戸　イ 京都　ウ 大阪　エ 鹿児島

（　ウ　）

(2) 右の資料は、1868年に新政府が定めた五箇条の御誓文です。五箇条の御誓文にはどのような内容が記されましたか。簡単に説明しましょう。

　一　政治のことは、会議を開き、みんなの意見を聞いて決めましょう。
　一　みんなの心を合わせて、国の政治を行いましょう。
（一部要約）

（（例）新しい政治の方針を示した。）

チャレンジ！

坂本龍馬が日本で初めて行ったことは何かな？

　ア 写真撮影　イ 新婚旅行　ウ 海外旅行

（　イ　）

51

答えは別さつ13ページ→

13

1 次の文の（　　）にあてはまることばを書きましょう。

(1) 江戸幕府3代将軍の（　徳川家光　）は，武家諸法度に参勤交代の制度を追加した。

(2) 江戸幕府は，外国との貿易を行う場所を制限し，外国からの情報を独占して，（　鎖国　）とよばれる体制を完成させた。

(3) 江戸時代に大阪は（　天下の台所　）とよばれた。

(4) 江戸時代には，人々のくらしや風景をえがいた（　浮世絵　）が流行し，歌川広重の『東海道五十三次』などが人気を集めた。

(5) 1853年，浦賀に（　ペリー　）が現れ，翌年，日米和親条約を結んだ。

2 『解体新書』について，次の問いに答えましょう。

(1) この書物は（　　）語で書かれた医学書を日本語に翻訳したものです。（　　）にあてはまる国名を書きましょう。

（　オランダ　）語

(2) この書物の翻訳を行った人物の1人を，ア〜エから選び，記号で答えましょう。

ア　本居宣長　イ　近松門左衛門
ウ　伊能忠敬　エ　杉田玄白　　（　エ　）

52

3 次の年表を見て，あとの問いに答えましょう。

年代	おもなできごと
1600	（　①　）の戦いが起こる
1615	武家諸法度が制定される …………………… あ
1790	『古事記伝』の出版が始まる …………………… い
1858	（　②　）条約を結ぶ
1867	15代将軍の（　③　）が政権を朝廷に返上する

(1) 年表中の（　①　）〜（　③　）にあてはまることばを書きましょう。

①（　関ヶ原　）　②（　日米修好通商　）

③（　徳川慶喜　）

(2) 年表中のあについて，武家諸法度の内容は，ア・イのうちのどちらですか。記号で答えましょう。

ア	イ
一 政治のことは，会議を開き，みんなの意見を聞いて決めましょう。 一 みんなの心を合わせて，国の政治を行いましょう。（一部要約）	一 城を新しく築いてはならない。修理する場合は届け出ること。 一 大名は将軍の許可なく，結婚してはならない。（一部要約）

（　イ　）

(3) 年表中のいについて，『古事記』や『万葉集』から，仏教や儒教などが伝わる前の日本人の考え方を研究する学問を何といいますか。

（　国学　）

(4) 江戸時代の様子について述べた文として適切なものを，ア〜エから選び，記号で答えましょう。

ア　武士は，将軍に奉公をちかい，戦いがあればかけつけた。
イ　仏教によって国を守ろうと，国分寺が建てられた。
ウ　百姓は五人組をつくり，年貢（税）として米を納めた。
エ　かな文字がつくられ，女性による文学作品が生まれた。

（　ウ　）

53

答えは別さつ14ページ→

ステップ1　かくにんしよう！

① 明治維新

明治時代になると，政治や社会が大きく変化しました。この変化を明治維新といいます。明治政府は，藩を廃止して新たに県や府を置き（廃藩置県），天皇中心の政治が全国に広まるようにしました。

明治政府は，欧米諸国に追いつくために，工業をさかんにして強い軍隊をもつこと（富国強兵）や，近代的な工業を始めること（殖産興業）をめざしました。徴兵令を出し，20才以上の男子に兵役を義務付け，地租改正を行って，国の収入を安定させました。

▲富岡製糸場（群馬県）

明治政府は官営の工場をつくり，外国の知識や技術を取り入れたよ！

② 文明開化

欧米の文化が取り入れられ，都市部を中心に人々の生活が欧米風に変化しました（文明開化）。また，江戸時代の身分制度は廃止され，すべての国民は平等であるとされました。福沢諭吉は『学問のすゝめ』で，人間の平等と学問の大切さを説きました。学制によって，6才以上のすべての男女が小学校に通うことが定められました。

▲福沢諭吉

ステップ2　れんしゅうしよう！

1 次の（　　）にあてはまることばを書きましょう。

(1) 明治時代の政治や社会の変化を（　明治維新　）という。

(2) 明治政府は，工業をさかんにし，強い軍隊をもつ（　富国強兵　）をめざした。

(3) （　文明開化　）によって，人々の生活が欧米風に変化した。

54

2 次の文の（　　）にあてはまることばを，あとの　　から選びましょう。

(1) 藩を廃止して，県や府を置く（　廃藩置県　）によって，天皇中心の政治を全国に広めようとした。

(2) 明治政府は，欧米諸国に追いつくため，（　殖産興業　）の政策を行い，近代的な工業をめざした。

(3) 明治政府は，群馬県に官営の（　富岡製糸場　）をつくり，外国の技術者を招いて，知識や技術を取り入れた。

(4) 徴兵令では，（　20　）才以上のすべての男子に，3年間軍隊に入る兵役が義務付けられた。

(5) 明治政府は，（　地租改正　）によって税のしくみを改めた。

(6) 学制によって，（　6　）才以上のすべての男女に，小学校に通うことが義務付けられた。

6　　20　　殖産興業　　地租改正　　富岡製糸場　　廃藩置県

ステップ3　やってみよう！

次の問いに答えましょう。

(1) 右の人物は，『学問のすゝめ』を書き，人間の平等と学問の大切さを説きました。この人物はだれですか。ア〜エから選び，記号で答えましょう。

ア　大久保利通　イ　木戸孝允
ウ　西郷隆盛　　エ　福沢諭吉　　（　エ　）

(2) 明治政府は，1873年に地租改正を実施しました。地租改正を行った目的は何ですか。「収入」ということばを用いて，簡単に説明しましょう。

（　（例）国の収入を安定させるため。　）

55

答えは別さつ14ページ→

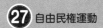

❷❼ 自由民権運動

学習した日　月　日

ステップ1　かくにんしよう！

1 自由民権運動

　明治政府の改革に不満をもった士族は、各地で反乱を起こしましたが、西郷隆盛を中心とする西南戦争がしずめられた後は、武力ではなく、言論で主張するようになりました。

　板垣退助らは、国会の開設と国民の政治参加を求めて、自由民権運動を始めました。政府は自由民権運動を厳しく取りしまりましたが、運動はますますはげしくなり、1881年、政府は国会の開設を国民に約束しました。

　国会の開設に備え、板垣退助は自由党、大隈重信は立憲改進党という政党をつくりました。

↑西郷隆盛

↑板垣退助

↑大隈重信

2 大日本帝国憲法

　伊藤博文は、皇帝の権力が強いドイツの憲法を参考に憲法を作成しました。また、内閣のしくみをつくり、初代の内閣総理大臣となりました。1889年、天皇が国を治める主権をもつ大日本帝国憲法が発布されると、1890年には、初めての選挙が行われ、第1回国会が開かれました。

　国会は貴族院と衆議院からなり、衆議院議員だけが国民による選挙で選ばれました。選挙権をもつのは、一定の税金を納めた25才以上の男子だけでした。

選挙に参加できたのは、国民の約1.1%だけだったよ。

ステップ2　れんしゅうしよう！

1 次の(1)～(3)の人物について述べた文を、ア～ウから選び、記号で答えましょう。

(1) 西郷隆盛（　ウ　）　(2) 伊藤博文（　ア　）　(3) 板垣退助（　イ　）

ア　初代の内閣総理大臣となった。

イ　自由民権運動を始め、自由党をつくった。

ウ　政府に不満をもつ士族を率いて、西南戦争を起こした。

56

---

2 次の文の（　）にあてはまることばを書きましょう。

(1) 西郷隆盛を中心とする士族が（　西南戦争　）を起こした。

(2) 板垣退助は、国会の開設と国民の政治参加を求めて、（　自由民権運動　）を始めた。

(3) 国会の開設に備えて、板垣退助は（　自由党　）をつくった。

(4) 1889年、天皇が主権をもつ（　大日本帝国憲法　）が発布された。

(5) 伊藤博文は（　内閣　）のしくみをつくり、初代内閣総理大臣に就いた。

(6) 1890年に開かれた国会は、（　衆議院　）と貴族院の二院からなる。

ステップ3　やってみよう！

次の問いに答えましょう。

(1) 皇帝の権力が強い憲法だったことから、伊藤博文が憲法を制定するときに参考にしたのは、どの国の憲法ですか。ア～エから選び、記号で答えなさい。

　ア　ドイツ　イ　フランス　ウ　イギリス　エ　オランダ

（　ア　）

(2) 1890年、国会を開くために、国民による選挙で議員が選ばれたのは、衆議院と貴族院のどちらですか。

（　衆議院　）

(3) (2)の選挙で選挙権をもっていたのはどのような人でしたか。「税金」「才」ということばを用いて、簡単に説明しましょう。

（（例）一定の税金を納めた25才以上の男子。）

57

答えは別さつ15ページ→

---

❷❽ 不平等条約の改正

学習した日　月　日

ステップ1　かくにんしよう！

1 鹿鳴館とノルマントン号事件

　明治政府は、欧米諸国と対等な関係を築くために、不平等条約（修好通商条約）を改正しようと考えました。そこで、使節団を送ったり、鹿鳴館を建てて舞踏会を開いたりして交渉を続けましたが、日本の近代化のおくれなどを理由に、条約の改正は実現しませんでした。

　1886年、イギリスのノルマントン号が和歌山県沖でちんぼつし、日本人の乗客が全員なくなりました。この事件をきっかけに、不平等条約の改正を求める国民の声が高まりました。

イギリス人の船長は軽いばつを受けただけだったよ。

2 不平等条約の改正

○領事裁判権…外国人が日本で罪をおかした場合、外国人の国の法律・裁判所（領事館）でさばく権利を認めていました。

　→1894年、外務大臣の陸奥宗光が、イギリスと条約を改正し、領事裁判権をなくすことに成功しました。

↑陸奥宗光

○関税自主権…日本は、輸入品に自由に税をかける権利があり ませんでした。

　→1911年、外務大臣の小村寿太郎が、関税自主権の回復に成功しました。不平等条約の改正により、日本は欧米諸国と対等な立場でつき合えるようになりました。

ステップ2　れんしゅうしよう！

1 次の（　）にあてはまることばを書きましょう。

(1) 陸奥宗光は、外国人が罪をおかした場合に、外国人の国の法律・裁判所（領事館）でさばく（　領事裁判権　）をなくすことに成功しました。

(2) 小村寿太郎は、輸入品に自由に税をかける（　関税自主権　）の回復に成功しました。

58

---

2 次の（　）にあてはまることばを、ア～エから選び、記号で答えましょう。

(1) 明治政府は、欧米諸国に日本の近代化を伝えようと、（　エ　）を建てて舞踏会を開いたが、うまくいかなかった。

(2) 日本では、（　ウ　）事件をきっかけに、不平等条約の改正を求める国民の声が高まった。

(3) （　ア　）は、領事裁判権をなくすことに成功した。

(4) （　イ　）は、関税自主権の回復に成功した。

　ア　陸奥宗光　イ　小村寿太郎　ウ　ノルマントン号　エ　鹿鳴館

ステップ3　やってみよう！

次の問いに答えましょう。

(1) 江戸時代末、日本が外国と結んだ条約は不平等条約とよばれ、不平等な内容がふくまれていました。この条約は、ア、イのうちのどちらですか。

　ア　日米和親条約　イ　日米修好通商条約

（　イ　）

(2) 明治政府が、欧米諸国との不平等条約の改正をめざした目的は何ですか。「欧米諸国」ということばを用いて、簡単に説明しましょう。

（（例）欧米諸国と対等な関係を築くため。）

チャレンジ！

イギリスの国旗はどれかな？

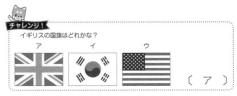

ア　　　　イ　　　　ウ

（　ア　）

59

答えは別さつ15ページ→

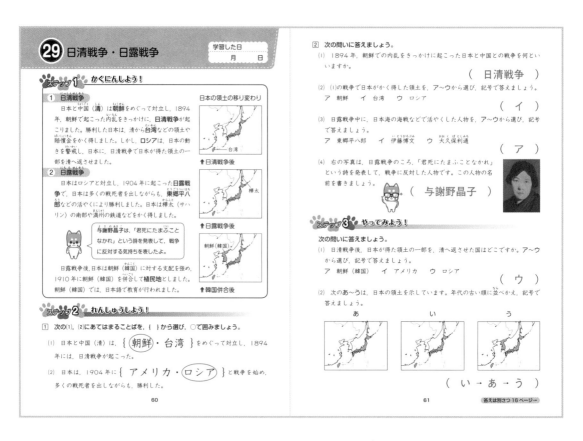

㉙ 日清戦争・日露戦争

ステップ1 かくにんしよう！

1 日清戦争

日本と中国（清）は朝鮮をめぐって対立し、1894年、朝鮮で起こった内乱をきっかけに、日清戦争が起こりました。勝利した日本は、清から台湾などの領土や賠償金をかく得しました。しかし、ロシアは、日本の動きを警戒し、日本に、日清戦争で日本が得た領土の一部を清へ返させました。

2 日露戦争

日本はロシアと対立し、1904年に起こった日露戦争で、日本は多くの戦死者を出しながらも、東郷平八郎などの活やくにより勝利しました。日本は樺太（サハリン）の南部や満州の鉄道などをかく得しました。

与謝野晶子は、「君死にたまふことなかれ」という詩を発表して、戦争に反対する気持ちを表したよ。

日露戦争後、日本は朝鮮（韓国）に対する支配を強め、1910年に朝鮮（韓国）を併合して植民地としました。朝鮮（韓国）では、日本語で教育が行われました。

日本の領土の移り変わり

↑日清戦争後

↑日露戦争後

↑韓国併合後

ステップ2 れんしゅうしよう！

1 次の(1)、(2)にあてはまることばを、{ }から選び、◯で囲みましょう。

(1) 日本と中国（清）は、{ **朝鮮**・台湾 }をめぐって対立し、1894年には、日清戦争が起こった。

(2) 日本は、1904年に{ アメリカ・**ロシア** }と戦争を始め、多くの戦死者を出しながらも、勝利した。

60

2 次の問いに答えましょう。

(1) 1894年、朝鮮での内乱をきっかけに起こった日本と中国との戦争を何といいますか。
（ **日清戦争** ）

(2) (1)の戦争で日本がかく得した領土を、ア～ウから選び、記号で答えましょう。
ア 朝鮮　イ 台湾　ウ ロシア
（ **イ** ）

(3) 日露戦争中に、日本海の海戦などで活やくした人物を、ア～ウから選び、記号で答えましょう。
ア 東郷平八郎　イ 伊藤博文　ウ 大久保利通
（ **ア** ）

(4) 右の写真は、日露戦争のころ、「君死にたまふことなかれ」という詩を発表して、戦争に反対した人物です。この人物の名前を書きましょう。
（ **与謝野晶子** ）

ステップ3 やってみよう！

次の問いに答えましょう。

(1) 日露戦争後、日本が得た領土の一部を、清へ返させた国はどこですか。ア～ウから選び、記号で答えましょう。
ア 朝鮮（韓国）　イ アメリカ　ウ ロシア
（ **ウ** ）

(2) 次のあ～うは、日本の領土を示しています。年代の古い順に並べかえ、記号で答えましょう。
あ　　　い　　　う
（ **い → あ → う** ）

61　答えは別さつ16ページ→

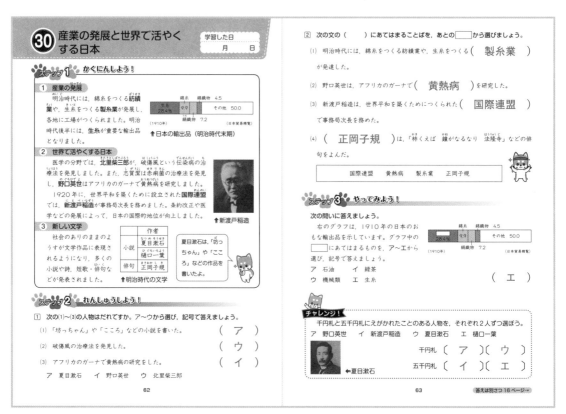

㉚ 産業の発展と世界で活やくする日本

ステップ1 かくにんしよう！

1 産業の発展

明治時代には、綿糸をつくる紡績業や、生糸をつくる製糸業が発展し、各地に工場がつくられました。明治時代後半には、生糸が重要な輸出品となりました。

	綿糸	綿織物 4.5	
生糸 28.4	9.9		その他 50.0

絹織物 7.2
（1910年）
（日本貿易精覧）
↑日本の輸出品（明治時代末期）

2 世界で活やくする日本

医学の分野では、北里柴三郎が、破傷風という伝染病の治療法を発見しました。また、志賀潔は赤痢菌の治療病を発見し、野口英世はアフリカのガーナで黄熱病を研究しました。1920年に、世界平和を築くために設立された国際連盟では、新渡戸稲造が事務局次長を務めました。条約改正や医学などの発展によって、日本の国際的地位が向上しました。

↑新渡戸稲造

3 新しい文学

社会のありのままのようすが文学作品に表現されるようになり、多くの小説や詩、短歌・俳句などが発表されました。

	作者
小説	夏目漱石 樋口一葉
俳句	正岡子規

↑明治時代の文学

夏目漱石は、「坊っちゃん」や「こころ」などの作品を書いたよ。

ステップ2 れんしゅうしよう！

1 次の(1)～(3)の人物はだれですか。ア～ウから選び、記号で答えましょう。

(1) 「坊っちゃん」や「こころ」などの小説を書いた。
（ **ア** ）

(2) 破傷風の治療法を発見した。
（ **ウ** ）

(3) アフリカのガーナで黄熱病の研究をした。
（ **イ** ）

ア 夏目漱石　イ 野口英世　ウ 北里柴三郎

62

2 次の文の（　）にあてはまることばを、あとの□□□から選びましょう。

(1) 明治時代には、綿糸をつくる紡績業や、生糸をつくる（ **製糸業** ）が発達した。

(2) 野口英世は、アフリカのガーナで（ **黄熱病** ）を研究した。

(3) 新渡戸稲造は、世界平和を築くためにつくられた（ **国際連盟** ）で事務局次長を務めた。

(4) （ **正岡子規** ）は、「柿くえば　鐘がなるなり　法隆寺」などの俳句をよんだ。

国際連盟　黄熱病　製糸業　正岡子規

ステップ3 やってみよう！

次の問いに答えましょう。

右のグラフは、1910年の日本のおもな輸出品を示しています。グラフ中の□□にあてはまるものを、ア～エから選び、記号で答えましょう。

	綿糸	綿織物 4.5	
28.4	9.9		その他 50.0

絹織物 7.2
（1910年）
（日本貿易精覧）

ア 石油　イ 緑茶
ウ 機械類　エ 生糸
（ **エ** ）

チャレンジ！

千円札と五千円札にえがかれたことのある人物を、それぞれ2人ずつ選ぼう。
ア 野口英世　イ 新渡戸稲造　ウ 夏目漱石　エ 樋口一葉

千円札　（ **ア** ）（ **ウ** ）
五千円札（ **イ** ）（ **エ** ）

◀夏目漱石

63　答えは別さつ16ページ→

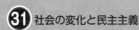

㉛ 社会の変化と民主主義

ステップ1　かくにんしよう！

1 社会の変化

現在の福岡県北九州市に**八幡製鉄所**がつくられ、重工業が発達しました。産業が発達するにつれて、**公害**や長時間労働などの社会問題が発生するようになり、栃木県では、**田中正造**が**足尾銅山**で起こった公害を解決しようとしました。

1923年、**関東大震災**が起こり、東京や横浜などで大きな被害が出ました。

また、大正時代には、**ラジオ**放送が始まり、電車やバスなどの交通網が整備されました。他にも洋服が広まるなど、生活のようすが変化しました。

↑昔のラジオ

2 民主主義の高まり

生活が豊かになり教育が広まると、**民主主義**への意識が高まり、**普通選挙**を求める運動が起こりました。そして、1925年には、**25才以上のすべての男子**に、衆議院議員選挙の選挙権が認められました。

都市で働く女性が増えると、**平塚らいてう**や市川房枝を中心に、男性よりも低くみられていた、女性の地位の向上をめざす運動が始まりました。

江戸時代の身分制度が廃止されたあとも不当な差別に苦しめられていた人々は、**全国水平社**をつくり、差別をなくす運動を進めました。

> まだ、女性には選挙権が認められていなかったんだね。

ステップ2　れんしゅうしよう！

① 次の(1)、(2)の人物名を書きましょう。

(1) 栃木県の足尾銅山で起こった公害を解決しようとした。

（ 田中正造 ）

(2) 市川房枝らとともに、女性の地位の向上をめざす運動を行った。

（ 平塚らいてう ）

② 次の文の（　　）にあてはまることばを、ア〜エから選び、記号で答えましょう。

(1) 現在の福岡県北九州市に（ エ ）がつくられ、やがて重工業が発達した。

(2) 1923年、（ ア ）が起こり、東京や横浜などで大きな被害が出た。

(3) 大正時代には、（ イ ）放送が始まり、電車やバスなどの交通網が整備されるなど、社会のようすが変化した。

(4) 江戸時代の身分制度が廃止されたあとも差別に苦しめられていた人々が（ ウ ）をつくり、差別をなくす運動を行った。

ア 関東大震災　イ ラジオ
ウ 全国水平社　エ 八幡製鉄所

ステップ3　やってみよう！

次の問いに答えましょう。

右のグラフを見て、次の□にあてはまる内容を、簡単に書きましょう。

> 1925年に、□に選挙権が認められたため、1928年に行われた選挙では、選挙権をもつ人が、大はばに増えた。

（例）25才以上のすべての男子

↑選挙権をもつ人の数の移り変わり

チャレンジ！

チャ太郎は、昔の日本の生活のようすを調べているよ。1930年に日本で初めてつくられた右の家電は何かな？
ア 食器洗い機　イ 洗濯機
ウ そうじ機　エ もちつき機

〔 イ 〕

㉜ 戦争の始まり

ステップ1　かくにんしよう！

1 中国との戦争

昭和時代初め、世界中が**不景気**になり、人々の生活が苦しくなりました。日本は中国に勢力をのばし、資源を手に入れるなどして、景気を回復しようとしました。

1931年、日本軍は中国軍を攻撃して**満州**（中国東北部）を占領し、日本は満州国を建国しました。しかし、国際連盟が満州国を認めなかったため、1933年、日本は国際連盟を脱退しました。

1937年、ペキン（北京）郊外で日本軍と中国軍がしょうとつすると、**日中戦争**が始まりました。

> 日本は、満州事変から約15年間、戦争を続けたよ。

2 太平洋戦争の始まり

1939年、ドイツが周囲の国へせめこみ、イギリスやフランスと戦争を始めました（**第二次世界大戦**）。1940年、日本は、石油などの資源を求めて東南アジアへ進出し、また、ドイツ、イタリアと同盟を結びました。これにより、イギリスやアメリカと対立しました。

1941年、日本がハワイのアメリカ軍港とマレー半島のイギリス領を攻撃し、**太平洋戦争**が始まりました。

■日本軍の攻撃
□日本軍が最も進出した地域
↑日本が進出した地域

ステップ2　れんしゅうしよう！

① 次の文の（　　）にあてはまることばを書きましょう。

(1) 1937年、日本と中国が対立し（ 日中戦争 ）が始まった。

(2) 1939年、ドイツが周囲の国へせめこみ、（ 第二次世界大戦 ）が始まった。

② 次の問いに答えましょう。

(1) 1931年、日本軍が中国軍を攻撃し、右の地図中のあの地域を占領しました。このできごとを何といいますか。

（ 満州事変 ）

(2) 日本が、あの地域に建国した国を何といいますか。

（ 満州国 ）

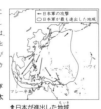

(3) 1940年、日本と同盟を結んだ国を、ア〜エから2つ選び、記号で答えましょう。
ア ロシア　イ アメリカ　ウ ドイツ　エ イタリア

（ ウ ）（ エ ）

(4) 1941年、日本がハワイのアメリカ軍港やマレー半島のイギリス領をせめて始まった戦争を何といいますか。

（ 太平洋戦争 ）

ステップ3　やってみよう！

次の問いに答えましょう。

(1) 国際連盟に満州国が認められなかった日本が、その後とった行動を、簡単に説明しましょう。

（ （例）日本は国際連盟を脱退した。 ）

(2) 1940年から、日本が東南アジアへ進出を始めた目的は何ですか。ア〜ウから選び、記号で答えましょう。
ア 石油などの資源を手に入れるため。
イ 不平等条約を改正するため。
ウ 天皇を中心とした国をつくるため。

（ ア ）

(3) 次のア〜ウのできごとを、年代の古い順に並べかえましょう。
ア 太平洋戦争が起こる。
イ 満州事変が起こる。
ウ 日中戦争が起こる。

（ イ → ウ → ア ）

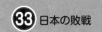

㉝ 日本の敗戦

ステップ1　かくにんしよう！

1　戦争中のくらし

長引く戦争で物資が不足すると、国民が一丸となって戦争に協力する体制となりました。米などの食料や衣料品などは**配給制**となり、生活に必要なものを自由に買うことができなくなりました。また、労働力が不足し、中学生や女学生が工場などで働きました。

1944年には、**空襲**がはげしくなり、東京や大阪などの都市が焼け野原になりました。空襲をさけるために、都市部の子どもたちは地方へ**疎開**しました。

↑空襲の被害を受けた都市

2　日本の敗戦

1945年4月、**沖縄**の本島にアメリカ軍が上陸を始めると、攻撃が多くなり、多くの住民が亡くなりました。8月6日には**広島**に、8月9日には**長崎**に、原子爆弾が投下され、何十万もの人が亡くなりました。また、**ソビエト連邦（ソ連）**が満州や樺太南部、千島列島へせめこんできました。

日本は降伏し、1945年8月15日、**昭和天皇**がラジオ放送を通じて、国民に戦争が終わったことを伝えました。

↑原爆ドーム

日本が植民地にしていた台湾や朝鮮などの支配も終わったよ。

ステップ2　れんしゅうしよう！

① 次の文の（　）にあてはまることばを書きましょう。

(1) 1945年4月、アメリカ軍が（　沖縄　）の本島に上陸した。

(2) 1945年8月6日に（　広島　）、8月9日に（　長崎　）へ、原子爆弾が落とされた。

---

② 次の文の（　）にあてはまることばを、ア〜オから選び、記号で答えましょう。

(1) 戦争中にはさまざまなものが不足し、米などの食料や衣料品などは（　ウ　）となった。

(2) 空襲がはげしくなると、都市部の子どもたちは地方へ（　オ　）した。

(3) 1945年8月6日、広島に世界で初めて（　エ　）が落とされた。

(4) 1945年8月、（　ア　）が満州や樺太南部、千島列島にせめこんだ。

ア　ソビエト連邦　イ　アメリカ　ウ　配給制
エ　原子爆弾　オ　疎開

ステップ3　やってみよう！

次の問いに答えましょう。

(1) 1945年8月6日に原子爆弾が投下された都市を、右の地図中のア〜エから1つ選び、記号で答えましょう。

（　ウ　）

(2) 昭和天皇によって、国民に戦争が終わったことが伝えられたのは、1945年の何月何日ですか。

（　8　月　15　日　）

チャレンジ！

チャ太郎は、昔は外国の名前を漢字で書いていたことを知ったよ。アメリカを漢字で書くと、どのように表されるかな？
ア　伊太利亜　イ　仏蘭西　ウ　亜米利加

（　ウ　）

㉞ 戦後の民主化政策

ステップ1　かくにんしよう！

1　日本の民主化

戦後、日本はアメリカなどの連合国軍に占領され、民主主義にもとづいた戦後改革が行われました。

1946年11月3日、国民主権、平和主義、基本的人権の尊重を3つの原則とする**日本国憲法**が公布され、翌年の5月3日から施行されました。

・軍隊を解散した。
・女性の参政権が認められた。
・ほとんどの農民が自分の土地をもてるようになった。
・義務教育が小学校6年間、中学校3年間になった。

↑おもな戦後改革

2　日本の国際社会への復帰

戦後、世界平和を守るために、**国際連合**がつくられました。しかし、世界では、**アメリカとソ連**が対立するようになりました（冷たい戦争）。朝鮮では、アメリカが**韓国**を、ソ連が**北朝鮮**を支援して、1950年に**朝鮮戦争**が起こりました。

1951年、日本は48か国と**サンフランシスコ平和条約**を結び、独立しましたが、沖縄などはアメリカに占領されたままでした。また、同じ日に**日米安全保障条約**が結ばれました。

1956年、日本は国際連合への加盟を認められ、国際社会に復帰しました。

日米安全保障条約で、アメリカ軍を日本におくことが決められたよ。

ステップ2　れんしゅうしよう！

① 次の文の（　）にあてはまることばを、ア〜ウから選び、記号で答えましょう。

(1) 戦後、世界平和を守るために、（　ウ　）がつくられた。

(2) アメリカとソ連が対立し、1950年、（　ア　）が起こった。

(3) 日本は48か国と（　イ　）を結んで、独立した。

ア　朝鮮戦争　イ　サンフランシスコ平和条約　ウ　国際連合

---

② 次の文の（　）にあてはまることばを書きましょう。

(1) 戦後改革において、女性に（　参政権　）が認められ、女性の国会議員が誕生した。

(2) 1946年11月3日、（　日本国憲法　）が公布され、翌年の5月3日から施行された。

(3) 1951年、サンフランシスコ平和条約が結ばれ、同じ日に日本はアメリカと（　日米安全保障条約　）を結んだ。

ステップ3　やってみよう！

次の問いに答えましょう。

(1) 日本の戦後改革の内容としてまちがっているものを、ア〜エから選び、記号で答えましょう。

ア　軍隊がつくられた。
イ　義務教育が9年間になった。
ウ　女性が選挙に参加できるようになった。
エ　ほとんどの農民が自分の土地をもてるようになった。

（　ア　）

(2) 日本国憲法が公布された年月日を答えましょう。

（　1946　年　11　月　3　日　）

(3) 朝鮮戦争において、韓国と北朝鮮を支援した国を、それぞれ書きましょう。

韓国（　アメリカ　）　北朝鮮（　ソ連　）

(4) 次の文中の□□□にあてはまる内容を、簡単に書きましょう。

1956年、日本は□□□を認められ、国際社会へ復帰した。

（　（例）国際連合への加盟　）

18

㉟ 日本の発展

ステップ1 かくにんしよう！

1 日本の発展

1950年代中ごろから、日本は、経済が急速に発展し（高度経済成長）、国民生活も豊かになりました。

1964年には、東京でアジア初のオリンピック・パラリンピックが開かれました。また、東京－大阪間に東海道新幹線が開通し、高速道路などの交通網が整備されました。

1972年、日本は中華人民共和国（中国）と国交を回復し、1978年には日中平和友好条約を結びました。

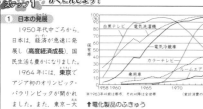

●電化製品のふきゅう

※1963年以前は都市、それ以降は全世帯
（家計消費の動向ほか）

白黒テレビ、電気洗濯機、電気冷蔵庫は、三種の神器とよばれたよ。

2 日本の課題

1972年、沖縄が日本に復帰しましたが、日本各地のアメリカ軍基地は残されたままです。また、ロシア連邦とは、北方領土の問題が解決していません。

現在の日本は、少子高齢化が進み、人口が少しずつ減少しています。2011年3月11日には東日本大震災が発生するなど、大きな自然災害も発生しています。日本は、よりよい社会にするために、これらの課題の解決に取り組んでいます。

ステップ2 れんしゅうしよう！

1 次の文の（　）にあてはまることばを書きましょう。

(1) 1964年、東京で（　オリンピック　）・パラリンピックが開かれた。

(2) ロシア連邦とは、（　北方領土　）の問題が解決していない。

(3) 2011年3月11日、（　東日本大震災　）が発生した。

72

2 次の問いに答えましょう。

(1) 1964年、東京－大阪間で開通した新幹線を何といいますか。
（　東海道　）新幹線

(2) 1978年に日本が平和友好条約を結んだ国を、ア～エから選び、記号で答えましょう。
ア アメリカ　イ 韓国　ウ 中国　エ ソ連 （　ウ　）

(3) アメリカに統治されていましたが、1972年に日本へ返還されたのはどこですか。
（　沖縄　）

(4) 現在、北方領土を不法に占領している国を、右の地図中のア～エから選び、記号で答えましょう。（　イ　）

ステップ3 やってみよう！

次の問いに答えましょう。

次の文の　　にあてはまる内容を書きましょう。

1950年代中ごろから、日本は　　高度経済成長となり、産業が発達し、国民の生活が豊かになった。

（（例）経済が急速に発展する　　　　）

チャレンジ！

2025年には、1970年に万国博覧会が開かれた都道府県で、55年ぶりの万国博覧会が開かれる予定だよ。この都道府県はどこかな？
（　大阪府　）

73　答えは別さつ19ページ→

㊱ かくにんテスト⑤

1 次の(1)～(4)は、どの人物について述べた文ですか。ア～エから選び、記号で答えましょう。

(1) 不平等条約を改正し、領事裁判権をなくすことに成功した。（　イ　）

(2) 足尾銅山で起こった公害を解決しようとした。（　エ　）

(3) ドイツの憲法を学び、のちに初代内閣総理大臣となった。（　ウ　）

(4) 明治政府に不満をもつ士族らと西南戦争を起こした。（　ア　）

ア 西郷隆盛　イ 陸奥宗光　ウ 伊藤博文　エ 田中正造

2 次の①～③の文を読んで、あとの問いに答えましょう。

① 日本軍がハワイなどを攻撃して、太平洋戦争が始まった。
② 明治政府は、20才以上の男子に兵役を義務付けた。
③ 日本は、国際連盟を脱退した。

(1) ①について、次の文の（　）にあてはまることばを書きましょう。

太平洋戦争末期の1945年8月6日、広島に（　①　）が落とされた。
（　原子爆弾　）

(2) ②について、1873年に下線部の内容を定めた法律を何といいますか。
（　徴兵令　）

(3) ③について、国際連盟の発足時に、事務局次長を務めた人はだれですか。
（　新渡戸稲造　）

(4) ①～③のできごとを、年代の古い順に並べかえましょう。
（　②　→　③　→　①　）

74

3 次の年表を見て、あとの問いに答えましょう。

年代	おもなできごと	
1868	明治維新が始まる	あ
	↑ア↓	
1904	日露戦争が起こる	い
	↑イ↓	
1911	小村寿太郎が（　①　）の回復に成功する	
1931	満州事変が起こる	う
1956	日本が（　②　）に加盟する	

(1) 年表中の（　①　）、（　②　）にあてはまることばを書きましょう。
①（　関税自主権　）②（　国際連合　）

(2) 年表中のあについて、右の資料は、群馬県につくられた官営の工場です。この工場を何といいますか。
（　富岡製糸場　）

(3) 年表中のいについて、次の文の　　にあてはまる内容を、簡単に書きましょう。

日露戦争中、与謝野晶子は、「君死にたまふことなかれ」という詩を発表して、　　気持ちを表した。

（（例）戦争に反対する　　　　）

(4) 年表中のうについて、日本が満州国を建国した場所を、右の地図中のア～エから選び、記号で答えましょう。
（　イ　）

(5) 大日本帝国憲法が制定されたのはいつですか。年表中のア～ウから選び、記号で答えましょう。
（　ア　）

75　答えは別さつ19ページ→

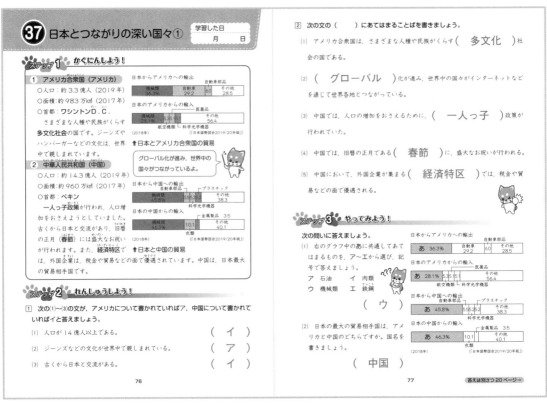

㊲ 日本とつながりの深い国々①

学習した日　月　日

ステップ1　かくにんしよう！

1 アメリカ合衆国（アメリカ）
○人口：約3.3億人（2019年）
○面積：約983万km²（2017年）
○首都：ワシントンD.C.
　さまざまな人種や民族がくらす**多文化社会**の国です。ジーンズやハンバーガーなどの文化は、世界中で親しまれています。

日本からアメリカへの輸出

| 機械類 36.3% | 自動車 29.2 | 自動車部品 6.0 | その他 28.5 |

日本のアメリカからの輸入

| 機械類 28.1% | 航空機類 5.3 | 科学光学機器 5.1 | 医薬品 | その他 56.4 |

（2018年）（『日本国勢図会2019/20年版』）

2 中華人民共和国（中国）
○人口：約14.3億人（2019年）
○面積：約960万km²（2017年）
○首都：ペキン
　一人っ子政策が行われ、人口増加をおさえようとしていました。古くから日本と交流があり、旧暦の正月（**春節**）には盛大なお祝いが行われます。また、**経済特区**では、税金や貿易などの面で優遇されています。中国は、日本最大の貿易相手国です。

↑日本とアメリカ合衆国の貿易

グローバル化が進み、世界中の国々がつながっているよ。

日本から中国への輸出

| 機械類 45.8% | プラスチック | その他 38.3 |

（科学光学機器）

日本の中国からの輸入

| 機械類 46.3% | 金属製品 3.5 | 衣類 10.1 | その他 40.1 |

（2018年）（『日本国勢図会2019/20年版』）

↑日本と中国の貿易

ステップ2　れんしゅうしよう！

1 次の(1)〜(3)の文が、アメリカについて書かれていればア、中国について書かれていればイと答えましょう。

(1) 人口が14億人以上である。　　　　　　（　イ　）

(2) ジーンズなどの文化が世界中で親しまれている。　（　ア　）

(3) 古くから日本と交流がある。　　　　　（　イ　）

76

2 次の文の（　）にあてはまることばを書きましょう。

(1) アメリカ合衆国は、さまざまな人種や民族がくらす（　**多文化**　）社会の国である。

(2) （　**グローバル**　）化が進み、世界中の国々がインターネットなどを通じて世界各地とつながっている。

(3) 中国では、人口の増加をおさえるために、（　**一人っ子**　）政策が行われていた。

(4) 中国では、旧暦の正月である（　**春節**　）に、盛大なお祝いが行われる。

(5) 中国において、外国企業が集まる（　**経済特区**　）では、税金や貿易などの面で優遇される。

ステップ3　やってみよう！

次の問いに答えましょう。

(1) 右のグラフ中のあに共通してあてはまるものを、ア〜エから選び、記号で答えましょう。
ア　石油　　イ　肉類
ウ　機械類　エ　鉄鋼

（　**ウ**　）

日本からアメリカへの輸出

| あ 36.3% | 自動車 29.2 | 自動車部品 6.0 | その他 28.5 |

日本のアメリカからの輸入

| あ 28.1% | 5.3 5.1 | 医薬品 | その他 56.4 |

（航空機類）（科学光学機器）

日本から中国への輸出

| あ 45.8% | 5.5 5.2 | プラスチック | その他 38.3 |

（科学光学機器）

日本の中国からの輸入

| あ 46.3% | 金属製品 3.5 | 10.1 | その他 40.1 |

（衣類）

(2) 日本の最大の貿易相手国は、アメリカと中国のどちらですか。国名を書きましょう。

（　**中国**　）

（2018年）（『日本国勢図会2019/20年版』）

77

答えは別さつ20ページ→

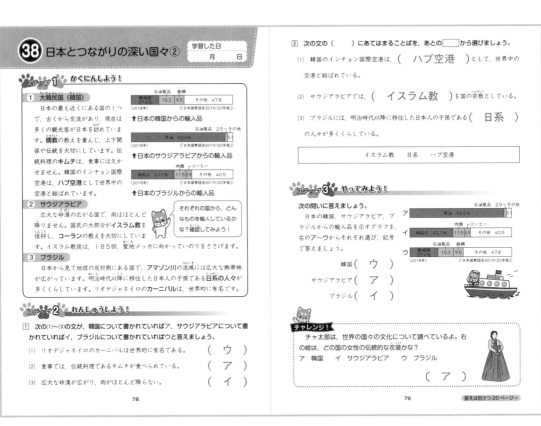

㊳ 日本とつながりの深い国々②

学習した日　月　日

ステップ1　かくにんしよう！

1 大韓民国（韓国）
　日本の最も近くにある国の1つで、古くから交流があり、現在は多くの観光客が日本を訪れています。**儒教**の教えを重んじ、上下関係や伝統を大切にしています。伝統料理の**キムチ**は、食事には欠かせません。韓国のインチョン国際空港は、**ハブ空港**として世界中の空港と結ばれています。

日本の韓国への輸出品

| 機械類 27.4% | 石油製品 15.3 | 鉄鋼 9.5 | その他 47.8 |

（2018年）（『日本国勢図会2019/20年版』）

日本の韓国からの輸入品

| 機械類 42.1% | 石油製品 2.5 | その他 | | その他 |

（2018年）（『日本国勢図会2019/20年版』）

2 サウジアラビア
　広大な砂漠の広がる国で、雨はほとんど降りません。国民の大部分が**イスラム教**を信仰し、**コーラン**の教えを大切にしています。イスラム教徒は、1日5回、聖地メッカに向かっていのりをささげます。

日本のサウジアラビアからの輸入品

| 原油 92.1% | 肉類 | コーヒー | その他 |

3 ブラジル
　日本から見て地球の反対側にある国で、**アマゾン川**の流域には広大な熱帯林が広がっています。明治時代以降に移住した日本人の子孫である**日系の人々**が多くくらしています。リオデジャネイロの**カーニバル**は、世界的に有名です。

それぞれの国から、どんなものを輸入しているかな？確認してみよう！

日本のブラジルからの輸入品

| 鉄鉱石 42.1% | 肉類 11.5 | コーヒー 5.9 | その他 40.5 |

ステップ2　れんしゅうしよう！

1 次の(1)〜(3)の文が、韓国について書かれていればア、サウジアラビアについて書かれていればイ、ブラジルについて書かれていればウと答えましょう。

(1) リオデジャネイロのカーニバルは世界的に有名である。　（　ウ　）

(2) 食事では、伝統料理であるキムチが食べられている。　（　ア　）

(3) 広大な砂漠が広がり、雨がほとんど降らない。　（　イ　）

78

2 次の文の（　）にあてはまることばを、あとの□□□から選びましょう。

(1) 韓国のインチョン国際空港は、（　**ハブ空港**　）として、世界中の空港と結ばれている。

(2) サウジアラビアでは、（　**イスラム教**　）を国の宗教としている。

(3) ブラジルには、明治時代以降に移住した日本人の子孫である（　**日系**　）の人々が多くくらしている。

| イスラム教　　日系　　ハブ空港 |

ステップ3　やってみよう！

次の問いに答えましょう。

　日本の韓国、サウジアラビア、ブラジルからの輸入品を示すグラフを、右のア〜ウからそれぞれ選び、記号で答えましょう。

ア

| 原油 92.1% | 石油製品 2.5 | その他 |

イ

| 鉄鉱石 42.1% | 肉類 11.5 | コーヒー 5.9 | その他 40.5 |

ウ

| 機械類 27.4% | 石油製品 15.3 | 鉄鋼 9.5 | その他 47.8 |

（2018年）（『日本国勢図会2019/20年版』）

韓国　（　ウ　）

サウジアラビア　（　ア　）

ブラジル　（　イ　）

チャレンジ！

チャ太郎は、世界の国々の文化について調べているよ。右の絵は、どの国の女性の伝統的な衣装かな？
ア　韓国　イ　サウジアラビア　ウ　ブラジル

〔　ア　〕

79

答えは別さつ20ページ→

㊴ 国際連合と国際協力

学習した日　　月　日

ステップ1　かくにんしよう！

1 国際連合

国際連合（国連）は、世界の平和と安全を守るための国際組織で、世界のほとんどの国が加盟しています。
国連は、世界各地の紛争をなくすことや、地球温暖化や砂漠化といった環境問題などに取り組んでいます。
国連の機関の1つの**ユニセフ**（国連児童基金）は、世界の子どもたちの命と健康を助けるために、食料援助や医療援助などを行っています。

↑国連分担金の国別割合

その他 46.7
アメリカ 22.0%
中国 12.0
日本 8.6
ドイツ
イギリス 4.6
（2019〜2021年）
（「日本国勢図会2019/20年版」）

2 国際協力

世界の国々は、未来にわたって豊かな生活とよりよい環境を両立する**持続可能な社会**をめざしています。
2015年には、持続可能な開発目標（SDGs）が設定されました。
各国の政府は、発展途上国に対して資金や技術を提供する**ODA**（政府開発援助）を行っています。また、日本は、青年海外協力隊を派遣しています。ほかにも、国連や各国の政府から独立した**NGO**（非政府組織）が、さまざまな分野で活動をしています。

↑青年海外協力隊の派遣先
アジア456人
オセアニア 185人
アフリカ 643人
中東 76人
中・南アメリカ 368人
（2019年9月現在）
（青年海外協力隊資料）

世界の国々が協力することが大切だよ！

ステップ2　れんしゅうしよう！

1 次の文の（　）にあてはまることばを書きましょう。

(1) （　**国際連合**　）は、世界のほとんどの国が加盟している、世界の平和と安全を守るための国際組織である。

(2) 世界の国々は、未来にわたって豊かな生活とよりよい環境を両立する（　**持続可能**　）な社会の実現に向けて、国際協力を進めている。

80

---

2 次の問いに答えましょう。

(1) 次の①〜④の説明として適切なものを、ア〜エから選び、記号で答えましょう。

① ユニセフ（　**エ**　）　② ODA（　**ア**　）
③ NGO（　**ウ**　）　④ SDGs（　**イ**　）

ア 発展途上国に対して資金や技術などを提供する、政府開発援助である。
イ 持続可能な社会を実現するために、2015年に設定された開発目標である。
ウ 国連や各国の政府から独立して活動を行う、非政府組織である。
エ 世界のめぐまれない子どもたちに、食料援助や医療援助を行っている。

(2) 次の資料について述べた文の（　）にあてはまることばを書きましょう。

日本は、ODAの活動の1つとして、世界各地に（　）を派遣している。

アジア456人
オセアニア 185人
アフリカ 643人
中東 76人
中・南アメリカ 368人
（2019年9月現在）
（青年海外協力隊資料）

（　**青年海外協力隊**　）

ステップ3　やってみよう！

次の問いに答えましょう。

ユニセフの活動は、民間からの寄付金によって支えられています。右の資料は、100円の募金によってできることをまとめたものです。資料を見て、ユニセフの活動の目的を、簡単に説明しましょう。

ポリオという病気から子どもたちを守るためのワクチン	6回分
重度の栄養不足からの回復に役立つ治療食	3ふくろ
水をきれいにする薬	250じょう

（ユニセフ手帳2019年版）

（　（例）子どもたちの命と健康を守るため。　）

81

答えは別さつ21ページ→

㊵ かくにんテスト⑥

学習した日　　月　日

1 次の地図を見て、あとの問いに答えましょう。

(1) 世界で人口が最も多い国を、地図中の①〜⑤から選び、番号で答えましょう。

（　②　）

(2) 地図中の④の国について述べた文を、ア〜エから選び、記号で答えましょう。
ア 国民の大部分がイスラム教を信仰し、コーランの教えを大切にしています。
イ 伝統料理のキムチは、食事には欠かせません。
ウ 明治時代以降に移住した日本人の子孫の日系の人々が多くくらしています。
エ さまざまな人種や民族がくらす多文化社会です。

（　エ　）

(3) 地図中の⑤の国名を書きましょう。

（　ブラジル　）

(4) 右のグラフは、地図中の①〜⑤のいずれかの国からの日本のおもな輸入品を示しています。どの国からの輸入品ですか。①〜⑤から選び、番号で答えましょう。

石油製品 2.5 その他
原油 92.9%
（2018年）
（「日本国勢図会2019/20年版」）

（　①　）

82

---

2 次の問いに答えましょう。

(1) 右の資料は、世界中のほとんどの国が加盟している国際組織の方針をまとめたものです。この国際組織を何といいますか。

・世界の平和と安全を守り、国どうしの争いは、話し合いによって解決すること。
・すべての国は平等である。
・さまざまな問題を解決するために、各国が協力する。
（一部要約）

（　国際連合　）

(2) 右のグラフは、(1)の国際組織の分担金の割合を示しています。グラフ中のあにあてはまる国を、ア〜エから選び、記号で答えましょう。
ア 日本　イ 韓国
ウ フランス　エ オーストラリア

その他 46.7
アメリカ 22.0%
中国 12.0
8.6
ドイツ
イギリス 4.6
あ
（2019〜2021年）
（「日本国勢図会2019/20年版」）

（　ア　）

(3) 世界の国々は、未来にわたって豊かな生活とよりよい環境を両立する社会をめざしています。このような社会を何といいますか。

（　持続可能な社会　）

(4) 民間からの募金をもとに、世界の子どもたちの命と健康を助けるために、食料援助や医療援助などを行っている組織を何といいますか。ア〜エから選び、記号で答えましょう。
ア SDGs　イ ODA　ウ ユニセフ　エ NGO

（　ウ　）

チャレンジ！

チャ太郎は、アメリカ合衆国の国旗の星が、アメリカ合衆国の州の数を表していることを知ったよ。いくつの星がえがかれているかな？
ア 30　イ 50　ウ 70

（　イ　）

83

答えは別さつ21ページ→

21

㊶ まとめテスト①

1 次の文章を読んで、あとの問いに答えましょう。

> 日本国憲法は、3つの原則にもとづいています。1つは、①国の政治のあり方を最終的に決定するのは国民であるということ。次に、②基本的人権を尊重すること、最後に、二度と戦争をしないことです。
> 国の政治は立法権をもつ③国会、行政権をもつ内閣、司法権をもつ裁判所が分担しています。また、地方の政治は、④各都道府県や市（区）町村が行います。⑤災害などが発生したときには、国や都道府県、市（区）町村などが、協力して復旧と復興を進めます。

(1) 下線部①の原則を何といいますか。漢字4字で書きましょう。

国民主権

(2) 下線部②について、次の資料は国民の義務をまとめたものです。資料中の（　）にあてはまることばを書きましょう。

> ・仕事について働く義務
> ・（　）を納める義務
> ・子どもに教育を受けさせる義務

（　税金　）

(3) 下線部③は、国民が選挙で選んだ国会議員で構成されています。日本では、現在、選挙権はどのような人に認められていますか。簡単に説明しましょう。

（（例）18才以上のすべての国民。　）

(4) 下線部④は、その地域だけのきまりを制定することができます。このようなきまりを何といいますか。

（　条例　）

(5) 下線部⑤が起こったとき、都道府県の派遣要請や国の出動の命令を受けて、被災地や被災者の救助や支援活動を行うのは、ボランティアと自衛隊のどちらですか。

（　自衛隊　）

84

2 次のA〜Dの文は、歴史上の人物について述べたものです。これを読んで、あとの問いに答えましょう。

A　能力のある人を役人に取り立てる（　①　）や十七条の憲法などを定めた。
B　武士として初めて太政大臣になり、中国（宋）と貿易を行った。
C　室町幕府の3代将軍で、京都の北山に（　②　）を建てた。
D　江戸幕府の3代将軍で、③参勤交代の制度を定めた。

(1) 文中の（　①　）、（　②　）にあてはまることばを、ア〜エから選び、記号で書きましょう。

ア　楽市・楽座　イ　冠位十二階　ウ　金閣　エ　東大寺

①（　イ　）②（　ウ　）

(2) A〜Dは、どの人物について述べていますか。それぞれ名前を書きましょう。

A（　聖徳太子　）　B（　平清盛　）

C（　足利義満　）　D（　徳川家光　）

(3) 文中の下線部③は、大名を取りしまるために制定された法律に追加されたものです。この法律を何といいますか。

（　武家諸法度　）

3 右の2人の人物について、次の問いに答えましょう。

(1) あの人物が日本に伝えた宗教は何ですか。

（　キリスト教　）

(2) いの人物は、どの国から送られてきた使者ですか。ア〜ウから選び、記号で答えましょう。
ア　アメリカ合衆国　イ　オランダ　ウ　中国

（　ア　）

あ　　　い

(3) いの人物が日本に求めたことを、簡単に説明しましょう。

（（例）日本に開国を求めた。　）

85

答えは別さつ22ページ→

㊷ まとめテスト②

1 各時代のおもなできごとをまとめた次の表を見て、あとの問いに答えましょう。

時代	おもなできごと
明治	①新しい国づくりが始まる。日清戦争や②日露戦争が起こる。
大正	③民主主義への意識が高まり、さまざまな運動が起こる。
昭和	④15年にわたって戦争が行われる。戦後はさまざまな改革が行われ、⑤経済が発展し、国民生活が豊かになる。

(1) 下線部①について、1868年から始まった、政治や社会の大きな変化を何といいますか。

（　明治維新　）

(2) 下線部②について、日露戦争後に日本が支配権を強め、1910年に植民地とした地域を、右の地図中のア〜エから選び、記号で答えましょう。

（　ウ　）

(3) 下線部③について、江戸時代の身分制度が廃止されたあとも不当な差別に苦しめられていた人々が、差別をなくすためにつくった結社を何といいますか。

（　全国水平社　）

(4) 下線部④について、次の文の▢にあてはまる内容を書きましょう。

> 太平洋戦争中、都市部に空襲が行われるようになると、都市部の子どもたちは▢。

（（例）地方へ疎開した　）

(5) 下線部⑤について、1950年代中ごろから始まった、経済の急速な発展を何といいますか。

（　高度経済成長　）

86

2 次のカード①〜③を、年代の古い順に並べかえ、番号で答えましょう。

①	②	③
元軍が、二度にわたって九州北部にせめてきた。	日本は、サンフランシスコ平和条約を結び、独立を回復した。	邪馬台国の女王の卑弥呼が、中国に使いを送った。

（　③　→　①　→　②　）

3 次の地図を見て、あとの問いに答えましょう。

(1) 次の文は、地図中の①〜④のどの国について述べたものですか。番号で答えましょう。

> 人口の増加をおさえるため、一人っ子政策が行われていた。

（　②　）

(2) 地図中の③の国には、1945年に、世界の安全と平和を守るためにつくられた国際組織の本部があります。この国際組織を何といいますか。

（　国際連合　）

(3) 地図中のアフリカなどの発展途上国では、食料援助や技術提供など、さまざまな支援活動が行われています。(2)の国際組織や各国の政府から独立して活動を行う、非政府組織の略称を何といいますか。

（　NGO　）

87

答えは別さつ22ページ→